卞尺丹几乙し丹卞と

Translated Language Learning

The Fisherman and his Soul

Balıkçı ve Ruhu

Oscar Wilde

English / Türkçe

Copyright © 2023 Tranzlaty
All rights reserved.
Published by Tranzlaty
ISBN: 978-1-83566-050-8
Original text by Oscar Wilde
The Fisherman and his Soul
First published in English in 1891
www.tranzlaty.com

The Mermaid
Deniz Kızı

Every evening the young Fisherman went out to sea
Genç Balıkçı her akşam denize açılıyordu
and the young Fisherman threw his nets into the water
ve genç Balıkçı ağlarını suya attı
When the wind blew from the land he caught nothing
Rüzgar karadan estiğinde hiçbir şey yakalayamadı
or he caught just a few fish at best
ya da en iyi ihtimalle sadece birkaç balık yakaladı
because it was a bitter and black-winged wind
Çünkü acı ve kara kanatlı bir rüzgardı
rough waves rose up to meet the wind from the land
Karadan gelen rüzgarı karşılamak için sert dalgalar yükseldi
But at other times the wind blew to the shore
Ama diğer zamanlarda rüzgar kıyıya esti
and then the fishes came in from the deep
Ve sonra balıklar derinlerden geldi
the fishes swam into the meshes of his nets
Balıklar ağlarının ağlarına yüzdü
and he took the fish to the market-place
Ve balığı pazar yerine götürdü
and he sold all the fishes that he had caught
Yakaladığı bütün balıkları sattı

but there was one special evening
Ama özel bir akşam vardı
the Fisherman's net was heavier than normal
Balıkçı ağı normalden daha ağırdı
he could hardly pull his net onto the boat
Ağını tekneye güçlükle çekebildi
The Fisherman laughed to himself
Balıkçı kendi kendine güldü
"Surely, I have caught all the fish that swim"
"Elbette, yüzen tüm balıkları yakaladım"

"or I have snared some horrible monster"
"ya da korkunç bir canavarı tuzağa düşürdüm"
"a monster that will be a marvel to men"
"Erkeklere mucize olacak bir canavar"
"or it will be a thing of horror"
"Yoksa dehşet verici bir şey olacak"
"a beast that the great Queen will desire"
"Büyük Kraliçe'nin arzulayacağı bir canavar"
With all his strength he tugged at the coarse ropes
Tüm gücüyle kaba ipleri çekiştirdi
he pulled until the long veins rose up on his arms
Kollarında uzun damarlar yükselene kadar çekti
like lines of blue enamel round a vase of bronze
bronz bir vazonun etrafındaki mavi emaye çizgiler gibi
He tugged at the thin ropes of his nets
Ağlarının ince iplerini çekiştirdi
and at last the net rose to the top of the water
Ve sonunda ağ suyun üstüne yükseldi
But there were no fish in his net
Ama ağında balık yoktu
nor was there a monster or thing of horror
ne de bir canavar ya da dehşet verici bir şey vardı
there was only a little Mermaid
sadece küçük bir Deniz Kızı vardı
she was lying fast asleep in his net
Ağında derin uykuya dalmış, yatıyordu
Her hair was like a wet foil of gold
Saçları ıslak bir altın folyo gibiydi
like golden flakes in a glass of water
bir bardak sudaki altın pullar gibi
Her little body was as white ivory
Küçük bedeni beyaz fildişi gibiydi
and her tail was made of silver and pearl
ve kuyruğu gümüş ve inciden yapılmıştı
and the green weeds of the sea coiled round her tail
ve denizin yeşil otları kuyruğuna dolandı

and like sea-shells were her ears
Ve deniz kabukları gibi kulaklarıydı
and her lips were like sea-coral
Ve dudakları deniz mercanı gibiydi
The cold waves dashed over her cold breasts
Soğuk dalgalar soğuk göğüslerinin üzerinden geçti
and the salt glistened upon her eyelids
ve tuz göz kapaklarında parlıyordu
She was so beautiful that the he was filled with wonder
O kadar güzeldi ki hayretle doluydu
he pulled the net closer to the boat
Ağı tekneye yaklaştırdı
leaning over the side, he clasped her in his arms
Yana eğilerek onu kollarının arasına aldı
She woke, and looked at him in terror
Uyandı ve dehşet içinde ona baktı
When he touched her she gave a cry
Ona dokunduğunda ağladı
she cried out like a startled sea-gull
Ürkmüş bir martı gibi haykırdı
she looked at him with her mauve-amethyst eyes
Leylak rengi ametist gözleriyle ona baktı
and she struggled so that she might escape
Ve kaçmak için çırpındı
But he held her tightly to him
Ama onu ona sıkıca tuttu
and he did not allow her to depart
Ve gitmesine izin vermedi
She wept when she saw she couldn't escape
Kaçamayacağını görünce ağladı
"I pray thee, let me go"
"Sana yalvarıyorum, gitmeme izin ver"
"I am the only daughter of a King"
"Ben bir kralın tek kızıyım"
"please, my father is aged and alone"
"Lütfen, babam yaşlı ve yalnız"

But the young Fisherman would not let her go
Ama genç Balıkçı onun gitmesine izin vermedi
"I will not let thee go unless you make me a promise"
"Bana söz vermedikçe seni bırakmayacağım"
"whenever I call thee thou wilt come and sing to me"
"Ne zaman seni çağırsam, gelip bana şarkı söyleyeceksin"
"because your song delights the fishes"
"Çünkü şarkın balıkları sevindiriyor"
"they come to listen to the song of the Sea-folk"
"Deniz halkının şarkısını dinlemeye geliyorlar"
"and then my nets shall be full"
"Ve o zaman ağlarım dolacak"
the little mermaid saw that she had no choice
Küçük deniz kızı başka seçeneği olmadığını gördü
"Would thou truly let me go if I promise this?"
"Buna söz verirsem gerçekten gitmeme izin verir misin?"
"In very truth I will let thee go," he premised
"Doğrusu seni bırakacağım," dedi
So she made him the promise he desired
Bu yüzden ona istediği sözü verdi
and she swore to do it by the oath of the Sea-folk
ve bunu Deniz halkının yeminiyle yapacağına yemin etti
the young Fisherman loosened his arms from the mermaid
genç Balıkçı kollarını deniz kızından gevşetti
the little mermaid sank back down into the water
Küçük deniz kızı tekrar suya battı
and she trembled with a strange kind of fear
Ve garip bir korkuyla titredi

Every evening the young Fisherman went out upon the sea
Genç balıkçı her akşam denize açılıyordu
and every evening he called out to the mermaid
Ve her akşam deniz kızına seslendi
the mermaid rose out of the water and sang to him
Deniz kızı sudan çıktı ve ona şarkı söyledi
Round and round her swam the dolphins

Etrafında ve etrafında yunuslar yüzdü
and the wild gulls flew above her head
Ve vahşi martılar başının üzerinde uçtu
she sang a marvellous song of the Sea-folk
Deniz halkının muhteşem bir şarkısını söyledi
mermen who drive their flocks from cave to cave
sürülerini mağaradan mağaraya süren deniz adamları
mermen who carry the little calves on their shoulders
Küçük buzağıları omuzlarında taşıyan deniz adamları
she sang of the Tritons who have long green beards
uzun yeşil sakalları olan Tritonlar hakkında şarkı söyledi
and she sang of the Triton's hairy chests
ve Triton'un kıllı göğüslerinden şarkı söyledi
they blow through twisted conchs when the King passes
Kral geçtiğinde bükülmüş deniz kabuklularını üflerler
she sang of the palace of the King
Kralın sarayından söz etti
the palace which is made entirely of amber
Tamamen kehribardan yapılmış saray
the palace has a roof of clear emerald
Sarayın berrak zümrüt bir çatısı var
and it has a pavement of bright pearl
ve parlak inci bir kaldırımı var
and she sang of the gardens of the sea
Ve deniz bahçelerini söyledi
gardens where great fans of coral wave all day long
Büyük mercan hayranlarının gün boyu dalgalandığı bahçeler
and fish dart about like silver birds
Ve balıklar gümüş kuşlar gibi dolaşıyor
and the anemones cling to the rocks
Ve anemonlar kayalara yapışır
She sang of the big whales that come from the north
Kuzeyden gelen büyük balinaların şarkısını söyledi
they have sharp icicles hanging from their fins
Yüzgeçlerinden sarkan keskin buz sarkıtları var
she sang of the Sirens who tell of wonderful things

harika şeyler anlatan Sirenler hakkında şarkı söyledi
so wonderful that merchants block their ears with wax
o kadar harika ki tüccarlar kulaklarını balmumu ile tıkarlar
they block their ears so that they can not hear them
kulaklarını tıkarlar, böylece onları duyamazlar
because if they heard them they would leap into the water
Çünkü onları duyarlarsa suya atlarlardı
and they would be drowned in the sea
ve denizde boğulacaklardı
she sang of the sunken galleys with their tall masts
Uzun direkleriyle batık kadırgalardan bahsetti
she sang of the frozen sailors clinging to the rigging
Armalara tutunan donmuş denizcilerin şarkısını söyledi
she sang the mackerel swimming through shipwrecks
Gemi enkazlarında yüzen uskumruyu söyledi
she sang of the little barnacles travelling the world
Dünyayı dolaşan küçük midyelerin şarkısını söyledi
the barnacles cling to the keels of the ships
midyeler gemilerin omurgalarına yapışır
and the ships go round and round the world
Ve gemiler dünyayı dolaşıyor ve dönüyor
and she sang of the cuttlefish in the sides of the cliffs
Ve uçurumların kenarlarındaki mürekkep balığından şarkı söyledi
and they stretch out their long black arms
Ve uzun siyah kollarını uzatıyorlar
they can make night come when they will it
İstedikleri zaman geceyi getirebilirler
She sang of the nautilus, who has a boat of her own
Kendine ait bir teknesi olan nautilus'tan bahsetti
a boat that is carved out of an opal
Opalden oyulmuş bir tekne
and the boat is steered with a silken sail
ve tekne ipek bir yelkenle yönlendirilir
she sang of the happy Mermen who play upon harps
arp çalan mutlu Deniz Adamları'nı söyledi

they can charm the great Kraken to sleep
büyük Kraken'i uyutmak için büyüleyebilirler
she sang of the little children riding the porpoises
Porpoises'a binen küçük çocukların şarkısını söyledi
the little children laugh as the ride the porpoises
Küçük çocuklar yunuslara binerken gülüyorlar
she sang of the Mermaids who lie in the white foam
beyaz köpüğün içinde yatan Deniz Kızları'nı söyledi
and they hold out their arms to the mariners
ve denizcilere kollarını uzatıyorlar
she sang of the sea-lions with their curved tusks
Kıvrımlı dişleriyle deniz aslanlarının şarkısını söyledi
and she sang of the sea-horses with their floating manes
ve yüzen yeleleriyle denizatlarının şarkısını söyledi
When she sang the fishes came from the sea
Şarkı söylediğinde balıklar denizden geldi
the fish came to listen to her
Balık onu dinlemeye geldi
the young Fisherman threw his nets round them
genç Balıkçı ağlarını etraflarına attı
and he caught as many fish as he needed
Ve ihtiyacı olduğu kadar balık yakaladı

when his boat was full the Mermaid sunk back down
teknesi dolduğunda Deniz Kızı geri battı
she went back down into the sea smiling at him
Ona gülümseyerek denize geri döndü
She never got close enough for him to touch her
Ona dokunacak kadar yaklaşmadı
Often times he called to the little mermaid
Çoğu zaman küçük deniz kızına seslenirdi
and he begged to her to come closer to him
Ve ona yaklaşması için yalvardı
but she dared not come closer to him
Ama ona yaklaşmaya cesaret edemedi
when he tried to catch her she dived into the water

Onu yakalamaya çalıştığında suya daldı
just like when a seal dives into the sea
Tıpkı bir fokun denize dalması gibi
and he wouldn't see her again that day
Ve o gün onu bir daha göremeyecekti

each day her voice became sweeter to his ears
Her geçen gün sesi kulaklarına daha da tatlı geliyordu
Her voice so sweet that he forgot his nets
Sesi o kadar tatlı ki ağlarını unuttu
and he forgot his cunning and his craft
Ve kurnazlığını ve zanaatını unuttu
The tuna went past him in large shoals
Ton balığı büyük sürüler halinde yanından geçti
but he didn't pay any attention to them
ama onlara hiç aldırış etmedi
His spear lay by his side, unused
Mızrağı kullanılmadan yanında yatıyordu
and his baskets of plaited osier were empty
ve örgülü osier sepetleri boştu
With lips parted, he sat idle in his boat
Dudakları aralanmış, teknesinde boşta oturuyordu
he listened to the songs of the mermaid
Deniz kızının şarkılarını dinledi
and his eyes were dim with wonder
ve gözleri şaşkınlıktan kararmıştı
he listened till the sea-mists crept round him
Deniz sisleri etrafını sarana kadar dinledi
the wandering moon stained his brown limbs with silver
Gezgin ay kahverengi uzuvlarını gümüşle lekeledi

One evening he called to the mermaid
Bir akşam deniz kızına seslendi
"Little Mermaid, I love thee," he professed
"Küçük Deniz Kızı, seni seviyorum," diye itiraf etti
"Take me for thy bridegroom, for I love thee"

"Beni damat olarak kabul et, çünkü seni seviyorum"
But the mermaid shook her head
Ama deniz kızı başını salladı
"Thou hast a human Soul," she answered
"Senin bir insan ruhun var," diye cevap verdi
"If only thou would send away thy Soul"
"Keşke ruhunu gönderseydin"
"if thy sent thy Soul away I could love thee"
"Ruhunu gönderseydin seni sevebilirdim"
And the young Fisherman said to himself
Ve genç balıkçı kendi kendine dedi ki
"of what use is my Soul to me?"
"Ruhumun bana ne faydası var?"
"I cannot see my Soul"
"Ruhumu göremiyorum"
"I cannot touch my Soul"
"Ruhuma dokunamıyorum"
"I do not know my Soul"
"Ruhumu tanımıyorum"
"I will send my Soul away from me"
"Ruhumu benden uzaklaştıracağım"
"and much gladness shall be mine"
"Ve çok sevineceğim"
And a cry of joy broke from his lips
Ve dudaklarından bir sevinç çığlığı koptu
he held out his arms to the Mermaid
kollarını Deniz Kızı'na uzattı
"I will send my Soul away," he cried
"Ruhumu göndereceğim," diye bağırdı
"you shall be my bride, and I will be thy bridegroom"
"Sen benim gelinim olacaksın, ben de senin damat olacağım"
"in the depth of the sea we will dwell together"
"Denizin derinliklerinde birlikte yaşayacağız"
"all that thou hast sung of thou shalt show me"
"Söylediğin her şeyi bana göstereceksin"
"and all that thou desirest I will do for you"

"ve istediğin her şeyi senin için yapacağım"
"our lives will not be divided no longer"
"Hayatlarımız artık bölünmeyecek"
the little Mermaid laughed, full of delight
küçük Deniz Kızı keyifle güldü
and she hid her face in her hands
Ve yüzünü ellerinin arasına sakladı
but the Fisherman didn't know how to send his Soul away
ama Balıkçı Ruhunu nasıl göndereceğini bilmiyordu
"how shall I send my Soul from me?"
"Ruhumu benden nasıl göndereyim?"
"Tell me how I can do it"
"Bana nasıl yapabileceğimi söyle"
"tell me how and it shall be done"
"Bana nasıl yapılacağını ve yapılacağını söyle"
"Alas! I know not" said the little Mermaid
"Eyvah! Bilmiyorum," dedi küçük Deniz Kızı
"the Sea-folk have no Souls"
"Deniz halkının Ruhu yoktur"
And she sank down into the sea
Ve denize battı
and she looked up at him wistfully
Ve ona özlemle baktı

The Priest
Rahip

Early on the next morning
Ertesi sabah erkenden
before the sun was above the hills
Güneş tepelerin üzerinde olmadan önce
the young Fisherman went to the house of the Priest
genç balıkçı rahibin evine gitti
he knocked three times at the Priest's door
Rahibin kapısını üç kez çaldı
The Priest looked out through the door
Rahip kapıdan dışarı baktı
when he saw who it was he drew back the latch
Kim olduğunu görünce mandalı geri çekti
and he welcomed the young Fisherman into his house
ve genç Balıkçı'yı evine buyur etti
he knelt down on the sweet-smelling rushes of the floor
Yerin tatlı kokulu koşuşturmalarına diz çöktü
and he cried to the Priest, "Father"
Kâhine, ‹‹Baba›› diye bağırdı.
"I am in love with one of the Sea-folk"
"Deniz halkından birine aşığım"
"and my Soul hindereth me from having my desire"
"ve Ruhum arzuma sahip olmamı engelliyor"
"Tell me, how I can send my Soul away from me?"
"Söyle bana, ruhumu benden nasıl uzaklaştırabilirim?"
"I truly have no need of it"
"Gerçekten buna ihtiyacım yok"
"of what use is my Soul to me?"
"Ruhumun bana ne faydası var?"
"I cannot see my Soul"
"Ruhumu göremiyorum"
"I cannot touch my Soul"
"Ruhuma dokunamıyorum"
"I do not know my Soul"

"Ruhumu tanımıyorum"
And the Priest beat his chest
Ve Rahip göğsünü dövdü
and he answered, "thou art mad"
O da, "Sen delisin" diye cevap verdi
"perhaps you have eaten poisonous herbs!"
"Belki de zehirli otlar yedin!"
"the Soul is the noblest part of man"
"Ruh, insanın en asil parçasıdır"
"and the Soul was given to us by God"
"ve Ruh bize Tanrı tarafından verildi"
"so that we nobly use our Soul"
"Ruhumuzu asil bir şekilde kullanmamız için"
"There is no thing more precious than a human Soul"
"İnsan Ruhundan Daha Değerli Bir Şey Yoktur"
"It is worth all the gold that is in the world"
"Dünyadaki tüm altınlara değer"
"it is more precious than the rubies of the kings"
"Kralların yakutlarından daha değerli"
"Think not any more of this matter, my son"
"Bu konuyu daha fazla düşünme oğlum"
"because it is a sin that may not be forgiven"
"Çünkü affedilemeyecek bir günahtır"
"And as for the Sea-folk, they are lost"
"Ve Deniz halkına gelince, onlar kayboldular"
"and those who live with them are also lost"
"Ve onlarla yaşayanlar da kayboldu"
"They are like the beasts of the field"
"Tarla hayvanları gibiler"
"the beasts that don't know good from evil"
"İyiyi kötüden ayırt etmeyen canavarlar"
"the Lord has not died for their sake"
"Rab onların uğruna ölmedi"

he heard the bitter words of the Priest
Rahibin acı sözlerini duydu

the young Fisherman's eyes filled with tears
genç Balıkçı'nın gözleri yaşlarla doldu
he rose up from his knees and spoke, "Father"
dizlerinin üstünden kalktı ve "Baba" dedi
"the fauns live in the forest, and they are glad"
"Faunlar ormanda yaşıyor ve memnunlar"
"on the rocks sit the Mermen with their harps of gold"
"Kayaların üzerinde altın arplarıyla Deniz Adamları oturuyor"
"Let me be as they are, I beseech thee"
"Onlar gibi olmama izin ver, sana yalvarıyorum"
"their days are like the days of flowers"
"Onların günleri çiçek günleri gibidir"
"And, as for my Soul," the young Fisherman continued
"Ruhuma gelince," diye devam etti genç balıkçı
what doth my Soul profit me?"
Ruhum bana ne fayda sağlar?"
"how is it good if it stands between what I love?"
"Sevdiklerimin arasında durması nasıl iyi olur?"
"The love of the body is vile" cried the Priest
"Bedenin sevgisi aşağılıktır," diye bağırdı Rahip
"and vile and evil are the pagan things"
"Ve aşağılık ve kötü şeyler putperest şeylerdir"
"Accursed be the fauns of the woodland"
"Ormanlık alanın faunlarına lanet olsun"
"and accursed be the singers of the sea!"
"Ve denizin şarkıcılarına lanet olsun!"
"I have heard them at night-time"
"Gece vakti duydum"
"they have tried to lure me from my bible"
"Beni İncil'imden uzaklaştırmaya çalıştılar"
"They tap at the window, and laugh"
"Pencereye vuruyorlar ve gülüyorlar"
"They whisper into my ears at night"
"Geceleri kulağıma fısıldıyorlar"
"they tell me tales of their perilous joys"
"Bana tehlikeli sevinçlerinin hikayelerini anlatıyorlar"

"**They try to tempt me with temptations**"
"Beni baştan çıkararak ayartmaya çalışıyorlar"
"**and when I try to pray they mock me**"
"ve dua etmeye çalıştığımda benimle alay ediyorlar"
"**The mer-folk are lost, I tell thee**"
"Halk kayboldu, sana söylüyorum"
"**For them there is no heaven, nor hell**"
"Onlar için ne cennet ne de cehennem vardır"
"**and they shall never praise God's name**"
"ve Tanrı'nın adını asla övmeyecekler"
"**Father," cried the young Fisherman**
"Baba," diye bağırdı genç balıkçı
"**thou knowest not what thou sayest**"
"Sen ne dediğini bilmiyorsun"
"**Once in my net I snared the daughter of a King**"
"Ağıma girdiğimde bir kralın kızını tuzağa düşürdüm"
"**She is fairer than the morning star**"
"Sabah yıldızından daha adil"
"**and she is whiter than the moon**"
"Ve o aydan daha beyaz"
"**For her body I would give my Soul**"
"Bedeni için ruhumu verirdim"
"**and for her love I would surrender heaven**"
"ve onun aşkı için cenneti teslim ederdim"
"**Tell me what I ask of thee**"
"Senden ne istediğimi söyle bana"
"**Father I implore thee, let me go in peace**"
"Baba sana yalvarıyorum, huzur içinde gitmeme izin ver"
"**Get away from me! Away!" cried the Priest**
"Benden uzak dur! Uzakta!" diye bağırdı Rahip
"**thy lover is lost, and thou shalt be lost with her**"
"Sevgilin kayboldu ve sen de onunla birlikte kaybolacaksın"
the Priest gave him no blessing
Rahip onu kutsamadı
and he drove him from his door
Ve onu kapısından kovdu

the young Fisherman went down into the market-place
genç balıkçı pazar yerine indi
he walked slowly with his head bowed
Başını eğerek yavaşça yürüdü
he walked like one who is in sorrow
Üzüntü içinde olan biri gibi yürüdü
the merchants saw the young Fisherman coming
tüccarlar genç balıkçının geldiğini gördüler
and the merchants whispered to each other
Ve tüccarlar birbirlerine fısıldadılar
one of the merchants came forth to meet him
Tüccarlardan biri onu karşılamak için dışarı çıktı
and he called him by his name
Ve ona ismiyle seslendi
"What hast thou to sell?" he asked him
"Ne satıyorsun?" diye sordu
"I will sell thee my Soul," he answered
"Sana canımı satacağım" diye cevap verdi
"I pray thee buy my Soul off me"
"Ruhumu benden satın alman için dua ediyorum"
"because I am weary of it"
"çünkü bundan bıktım"
"of what use is my Soul to me?"
"Ruhumun bana ne faydası var?"
"I cannot see my Soul"
"Ruhumu göremiyorum"
"I cannot touch my Soul"
"Ruhuma dokunamıyorum"
"I do not know my Soul"
"Ruhumu tanımıyorum"
But the merchants only mocked him
Ama tüccarlar sadece onunla alay ettiler
"Of what use is a man's Soul to us?"
"Bir erkeğin ruhu bize ne işe yarar?"
"It is not worth a piece of silver"

"Bir parça gümüşe değmez"
"Sell us thy body for slavery"
"Kölelik için bedenini bize sat"
"and we will clothe thee in sea-purple"
"Ve sana deniz moru giydireceğiz"
"and we'll put a ring upon thy finger"
"Ve parmağına bir yüzük takacağız"
"and we'll make thee the minion of the great Queen"
"ve seni büyük Kraliçe'nin kölesi yapacağız"
"but don't talk of the Soul to us"
"ama bize Ruh'tan bahsetme"
"because for us a Soul is of no use"
"çünkü bizim için bir Ruh işe yaramaz"
And the young Fisherman thought to himself
Ve genç balıkçı kendi kendine düşündü
"How strange a thing this is!"
"Bu ne kadar garip bir şey!"
"The Priest told me the value of the Soul"
"Rahip bana Ruhun değerini anlattı"
"the Soul is worth all the gold in the world"
"Ruh dünyadaki tüm altınlara bedeldir"
"but the merchants say a different thing"
"Ama tüccarlar farklı bir şey söylüyor"
"the Soul is not worth a piece of silver"
"Ruh bir gümüş parçasına değmez"
And he went out of the market-place
Ve pazar yerinden dışarı çıktı
and he went down to the shore of the sea
Sonra denizin kıyısına indi
and he began to ponder on what he should do
Ve ne yapması gerektiğini düşünmeye başladı

The Witch
Cadı

At noon he remembered one of his friends
Öğlen arkadaşlarından birini hatırladı
his friend was a gatherer of samphire
Arkadaşı Samphire'nin bir toplayıcısıydı
he had told him of a young Witch
ona genç bir cadıdan bahsetmişti
this young Witch dwelt in a nearby cave
bu genç cadı yakındaki bir mağarada yaşıyordu
and she was very cunning in her Witcheries
ve Witcheries'inde çok kurnazdı
the young Fisherman stood up and ran to the cave
genç Balıkçı ayağa kalktı ve mağaraya koştu

By the itching of her palm she knew he was coming
Avucunun kaşınmasından onun geldiğini anladı
and she laughed, and let down her red hair
Ve güldü ve kızıl saçlarını bıraktı
She stood at the opening of the cave
Mağaranın açılışında durdu
her long red hair flowed around her
Uzun kızıl saçları etrafında uçuşuyordu
and in her hand she had a spray of wild hemlock
ve elinde bir yabani baldıran otu spreyi vardı
"What do you lack?" she asked, as he came
"Neyin eksik?" diye sordu adam gelirken
he was panting when got to her
Ona ulaştığında nefes nefese kalıyordu
and he bent down before her
Ve onun önünde eğildi
"Do you want fish for when there is no wind?"
"Rüzgarın olmadığı zamanlar için balık ister misin?"
"I have a little reed-pipe"
"Küçük bir kamış borum var"

"when I blow it the mullet come into the bay"
"Üflediğimde kefal koya geliyor"
"But it has a price, pretty boy"
"Ama bunun bir bedeli var, güzel çocuk"
"What do you lack?"
"Neyin eksik?"

"Do you want a storm to wreck the ships?"
"Bir fırtınanın gemileri mahvetmesini ister misin?"
"It will wash the chests of rich treasure ashore"
"Zengin hazine sandıklarını kıyıya yıkayacak"
"I have more storms than the wind"
"Rüzgardan daha fazla fırtınam var"
"I serve one who is stronger than the wind"
"Rüzgardan daha güçlü olana hizmet ederim"
"I can send the great galleys to the bottom of the sea"
"Büyük kadırgaları denizin dibine gönderebilirim"
"with a sieve and a pail of water"
"bir elek ve bir kova su ile"
"But I have a price, pretty boy"
"Ama benim bir bedelim var, güzel çocuk"
"What do you lack?"
"Neyin eksik?"

"I know a flower that grows in the valley"
"Vadide yetişen bir çiçek tanıyorum"
"no one knows of this flower, but I"
"Bu çiçeği benden başka kimse bilmiyor"
"this secret flower has purple leaves"
"Bu gizli çiçeğin mor yaprakları var"
"and in the heart of the flower is a star"
"Ve çiçeğin kalbinde bir yıldız var"
"and its juice is as white as milk"
"Suyu süt kadar beyaz"
"touch the lips of the Queen with it"
"Kraliçe'nin dudaklarına dokun"

"and she will follow thee all over the world"
"Ve seni dünyanın her yerinde takip edecek"
"Out of the bed of the King she would rise"
"Kralın yatağından kalkardı"
"and over the whole world she would follow thee"
"Ve bütün dünyada seni takip ederdi"
"But it has a price, pretty boy"
"Ama bunun bir bedeli var, güzel çocuk"
"What do you lack?"
"Neyin eksik?"

"I can pound a toad in a mortar"
"Bir kurbağayı havanda dövebilirim"
"and I can make broth of the toad"
"ve kurbağanın suyunu yapabilirim"
"stir the broth with a dead man's hand"
"Suyu ölü bir adamın eliyle karıştırın"
"Sprinkle it on thine enemy while he sleeps"
"Düşmanın uyurken üzerine serp"
"and he will turn into a black viper"
"Ve siyah bir engerek yılanına dönüşecek"
"and his own mother will slay him"
"Ve kendi annesi onu öldürecek"
"With a wheel I can draw the Moon from heaven"
"Bir tekerlekle Ay'ı gökten çizebilirim"
"and in a crystal I can show thee Death"
"ve bir kristalde sana Ölümü gösterebilirim"
"What do you lack?"
"Neyin eksik?"
"Tell me thy desire and I will give it to you"
"Bana arzunu söyle, sana vereyim"
"and thou shalt pay me a price, pretty boy"
"Ve bana bir bedel ödeyeceksin, güzel çocuk"

"My desire is but for a little thing"
"Arzum sadece küçük bir şey için"

"yet the Priest was angry with me"
"Yine de Rahip bana kızgındı"
"and he chased me away in anger"
"Ve beni öfkeyle kovaladı"
"My wish is but for a little thing"
"Dileğim sadece küçük bir şey için"
"yet the merchants have mocked me"
"Yine de tüccarlar benimle alay etti"
"and they denied me my wish"
"Ve dileğimi reddettiler"
"Therefore have I come to thee"
"Bu yüzden sana geldim"
"I came although men call thee evil"
"İnsanlar sana kötü dese de geldim"
"but whatever thy price is I shall pay it"
"Ama senin bedelin ne olursa olsun onu ödeyeceğim"
"What would'st thou?" asked the Witch
"Ne istiyorsun?" diye sordu Cadı
and she came near to the Fisherman
Balıkçıya yaklaştı
"I wish to send my Soul away from me"
"Ruhumu benden uzaklaştırmak istiyorum"
The Witch grew pale, and shuddered
Cadı solgunlaştı ve ürperdi
and she hid her face in her blue mantle
Ve yüzünü mavi mantosuna sakladı
"Pretty boy, that is a terrible thing to do"
"Güzel çocuk, bu korkunç bir şey"
He tossed his brown curls and laughed
Kahverengi buklelerini fırlattı ve güldü
"My Soul is nought to me" he answered
"Ruhum benim için bir hiçtir" diye cevap verdi
"I cannot see my Soul"
"Ruhumu göremiyorum"
"I cannot touch my Soul"
"Ruhuma dokunamıyorum"

"I do not know my Soul"
"Ruhumu tanımıyorum"
the young Witch saw an opportunity
genç Cadı bir fırsat gördü
"What would thou give me if I tell thee?"
"Sana söylesem bana ne verirsin?"
and she looked down at him with her beautiful eyes
Ve güzel gözleriyle ona baktı
"I will give thee five pieces of gold" he said
"Sana beş altın vereceğim" dedi
"and I will give thee my nets for fishing"
"Balık tutman için sana ağlarımı vereceğim"
"and I will give thee the house where I live"
"Sana oturduğum evi vereceğim"
"and you can have my boat"
"Ve tekneme sahip olabilirsin"
"I will give thee all that I possess"
"Sahip olduğum her şeyi sana vereceğim"
"Tell me how to get rid of my Soul"
"Ruhumdan nasıl kurtulacağımı söyle bana"
She laughed mockingly at him
Ona alaycı bir şekilde güldü
and she struck him with the spray of hemlock
ve ona baldıran otu spreyi ile vurdu
"I can turn the autumn leaves into gold"
"Sonbahar yapraklarını altına çevirebilirim"
"and I can weave the pale moonbeams into silver"
"ve solgun ay ışınlarını gümüşe örebilirim"
"He whom I serve is richer than all kings"
"Hizmet ettiğim kişi tüm krallardan daha zengindir"
"thy price be neither gold nor silver," he confirmed
"Senin fiyatın ne altın ne de gümüş olsun" diye onayladı
"What then shall I give thee if?"
"Öyleyse, sana ne vereyim?"
"The Witch stroked his hair with her thin white hand"
"Cadı ince beyaz eliyle saçlarını okşadı"

"Thou must dance with me, pretty boy," she murmured
"Benimle dans etmelisin, güzel çocuk," diye mırıldandı
and she smiled at him as she spoke
Ve konuşurken ona gülümsedi
"Nothing but that?" cried the young Fisherman
"Bundan başka bir şey yok mu?" diye bağırdı genç balıkçı
and he wondered why she didn't ask for more
Ve neden daha fazlasını istemediğini merak etti
"Nothing but that" she answered
"Bundan başka bir şey yok" diye yanıtladı
and she smiled at him again
Ve ona tekrar gülümsedi
"Then at sunset we shall dance together"
"O zaman gün batımında birlikte dans edeceğiz"
"And after we have danced thou shalt tell me"
"Ve dans ettikten sonra bana söyleyeceksin"
"The thing which I desire to know"
"Bilmek istediğim şey"
the young Witch shook her head
genç cadı başını salladı
"When the moon is full" she muttered
"Ay dolunay olduğunda," diye mırıldandı
Then she peered all round, and listened
Sonra etrafına baktı ve dinledi
A blue bird rose screaming from its nest
Yuvasından çığlık atan mavi bir kuş gülü
and the blue bird circled over the dunes
Ve mavi kuş kum tepelerinin üzerinde daire çizdi
and three spotted birds rustled in the grass
ve üç benekli kuş çimenlerde hışırdadı
and the birds whistled to each other
Ve kuşlar birbirlerine ıslık çaldılar
There was no other sound except for the sound of a wave
Bir dalganın sesinden başka bir ses yoktu
the wave was crushing pebbles
Dalga çakıl taşlarını eziyordu

So she reached out her hand
Bu yüzden elini uzattı
and she drew him near to her
Ve onu kendine yaklaştırdı
and she put her dry lips close to his ear
Ve kuru dudaklarını kulağına yaklaştırdı
"Tonight thou must come to the top of the mountain"
"Bu gece dağın tepesine gelmelisin"
"It is a Sabbath, and He will be there"
"Bu bir Şabat günü ve O orada olacak"
The young Fisherman was startled by what she said
Genç Balıkçı söyledikleri karşısında irkildi
she showed him her white teeth and laughed
Ona beyaz dişlerini gösterdi ve güldü
"Who is He of whom thou speakest?"
"Sözünü ettiğin kimdir?"
"It matters not," she answered
"Önemli değil," diye yanıtladı
"Go there tonight," she told him
"Bu gece oraya git," dedi ona
"wait for me under the branches of the hornbeam"
"Gürgen dallarının altında beni bekle"
"If a black dog runs towards thee don't panic"
"Siyah bir köpek sana doğru koşarsa panik yapma"
"strike the dog with willow and it will go away"
"Köpeğe söğütle vur ve uzaklaşacak"
"If an owl speaks to thee don't answer it"
"Bir baykuş seninle konuşursa, cevap verme"
"When the moon is full I shall be with thee"
"Ay dolunay olduğunda seninle olacağım"
"and we will dance together on the grass"
"Ve çimlerin üzerinde birlikte dans edeceğiz"
the young Fisherman agreed to do as she said
genç Balıkçı dediğini yapmayı kabul etti
"But do you swear to tell me how to send my Soul away?"
"Ama bana ruhumu nasıl göndereceğine yemin

ediyor musun?"
She moved out into the sunlight
Güneş ışığına çıktı
and the wind rippled through her red hair
Ve rüzgar kızıl saçlarının arasından dalgalandı
"By the hoofs of the goat I swear it"
"Keçinin toynaklarına yemin ederim"
"Thou art the best of the Witches" cried the young Fisherman
"Sen cadıların en iyisisin," diye bağırdı genç balıkçı
"and I will surely dance with thee tonight"
"ve bu gece kesinlikle seninle dans edeceğim"
"I would have preferred it if you had asked for gold"
"Altın isteseydin tercih ederdim"
"But if this is thy price I shall pay it"
"Ama eğer bu senin bedelinse, onu ödeyeceğim"
"because it is but a little thing"
"Çünkü bu sadece küçük bir şey"
He doffed his cap to her and bent his head low
Şapkasını ona doğru çıkardı ve başını eğdi
and he ran back to town with joy in his heart
Ve yüreğinde sevinçle kasabaya geri döndü
And the Witch watched him as he went
Ve Cadı giderken onu izledi
when he had passed from her sight she entered her cave
Adam gözünün önünden ayrıldıktan sonra mağarasına girdi
she took out a mirror from a box
Bir kutudan bir ayna çıkardı
and she set up the mirror on a frame
Ve aynayı bir çerçeveye yerleştirdi
She burned vervain on lighted charcoal before the mirror
Aynanın önünde yanan odun kömürü üzerinde mine çiçeği yaktı
and she peered through the coils of the smoke
Ve dumanın bobinlerinden baktı
after a time she clenched her hands in anger
Bir süre sonra öfkeyle ellerini sıktı

"He should have been mine," she muttered
"O benim olmalıydı," diye mırıldandı
"I am as beautiful as she is"
"Ben de onun kadar güzelim"

When the moon had risen he left his hut
Ay doğduğunda kulübesinden ayrıldı
the young Fisherman climbed up to the top of the mountain
genç Balıkçı dağın tepesine tırmandı
and he stood under the branches of the hornbeam
Ve gürgenin dallarının altında durdu
The sea lay at his feet like a disc of polished metal
Deniz, cilalı metalden bir disk gibi ayaklarının dibinde uzanıyordu
the shadows of the fishing boats moved in the little bay
Balıkçı teknelerinin gölgeleri küçük koyda hareket etti
A great owl with yellow eyes called him
Sarı gözlü büyük bir baykuş onu çağırdı
it called him by his name
Ona ismiyle seslendi
but he made the owl no answer
Ama baykuşa cevap vermedi
A black dog ran towards him and snarled
Siyah bir köpek ona doğru koştu ve hırladı
but he did not panic when the dog came
Ama köpek geldiğinde panik yapmadı
he struck the dog with a rod of willow
Köpeğe söğüt değneğiyle vurdu
and the dog went away, whining
Ve köpek sızlanarak uzaklaştı

At midnight the Witches came flying through the air
Gece yarısı Cadılar havada uçarak geldiler
they were like bats flying in the air
Havada uçan yarasalar gibiydiler
"Phew!" they cried, as they landed on the ground

"Vay canına!" diye bağırdılar, yere inerken.
"there is someone here that we don't know!"
"Burada tanımadığımız biri var!"
and they sniffed around for the stranger
Ve yabancıyı kokladılar
they chattered to each other and made signs
Birbirleriyle gevezelik ettiler ve işaretler yaptılar
Last of all came the young Witch
En son genç Cadı geldi
her red hair was streaming in the wind
Kızıl saçları rüzgarda uçuşuyordu
She wore a dress of gold tissue
Altın mendilden bir elbise giymişti
and her dress was embroidered with peacocks' eyes
ve elbisesi tavus kuşu gözleriyle işlenmişti
a little cap of green velvet was on her head
Kafasında yeşil kadifeden küçük bir şapka vardı
"Who is he?" shrieked the Witches when they saw her
"Kim o?" diye bağırdı Cadılar onu görünce
but she only laughed, and ran to the hornbeam
Ama o sadece güldü ve gürgene koştu
and she took the Fisherman by the hand
Balıkçının elinden tuttu
she led him out into the moonlight
Onu ay ışığına çıkardı
and in the moonlight they began to dance
Ve ay ışığında dans etmeye başladılar
Round and round they whirled in their dance
Döne döne danslarında döndüler
she jumped higher and higher into the air
Havaya daha yükseğe ve daha yükseğe sıçradı
he could see the scarlet heels of her shoes
Ayakkabılarının kırmızı topuklarını görebiliyordu
Then came the sound of the galloping of a horse
Sonra bir atın dörtnala koşma sesi geldi
but there was no horse to be seen

ama görülecek bir at yoktu
and he felt afraid, but he did not know why
Ve korktu, ama nedenini bilmiyordu
"Faster," cried the Witch to him
"Daha hızlı," diye bağırdı Cadı ona
and she threw her arms around his neck
ve kollarını boynuna attı
and her breath was hot upon his face
ve nefesi yüzünde sıcaktı
"Faster, faster!" she cried again
"Daha hızlı, daha hızlı!" diye tekrar bağırdı
the earth seemed to spin beneath his feet
Dünya ayaklarının altında dönüyor gibiydi
and his thoughts grew more and more troubled
Ve düşünceleri giderek daha fazla sıkıntılı hale geldi
out of nowhere a great terror fell on him
Birdenbire üzerine büyük bir dehşet düştü
he felt some evil thing was watching him
Kötü bir şeyin onu izlediğini hissetti
and at last he became aware of something
Ve sonunda bir şeyin farkına vardı
under the shadow of a rock there was a figure
Bir kayanın gölgesinde bir figür vardı
a figure that he had not been there before
daha önce orada bulunmadığı bir figür
It was a man dressed in a black velvet suit
Siyah kadife takım elbise giymiş bir adamdı
it was styled in the Spanish fashion
İspanyol tarzında tasarlandı
the strangers face was strangely pale
Yabancıların yüzü tuhaf bir şekilde solgundu
but his lips were like a proud red flower
Ama dudakları gururlu bir kırmızı çiçek gibiydi
He seemed weary of what he was seeing
Gördüklerinden bıkmış görünüyordu
he was leaning back toying in a listless manner

Kayıtsız bir şekilde arkasına yaslanıp oynuyordu
he was toying with the pommel of his dagger
hançerinin kulpuyla oynuyordu
on the grass beside him lay a plumed hat
Yanındaki çimenlerin üzerinde tüylü bir şapka yatıyordu
and there were a pair of riding gloves with gilt lace
ve yaldızlı dantelli bir çift binicilik eldiveni vardı
they were sewn with seed-pearls
Tohum incileri ile dikildiler
A short cloak lined with sables hung from his shoulder
Omzundan samurlarla kaplı kısa bir pelerin sarkıyordu
and his delicate white hands were gemmed with rings
ve narin beyaz elleri yüzüklerle süslenmişti
Heavy eyelids drooped over his eyes
Ağır göz kapakları gözlerinin üzerine sarktı
The young Fisherman watched the stranger
Genç Balıkçı yabancıyı izledi
just like when one is snared in a spell
Tıpkı bir büyünün tuzağına düştüğünde olduğu gibi
At last the Fisherman's and the stranger's eyes met
Sonunda Balıkçı ve Yabancı'nın gözleri buluştu
wherever he danced the eyes seemed to be on him
Nerede dans ederse etsin, gözler onun üzerindeymiş gibi görünüyordu
He heard the Witch laugh wildly
Cadı'nın çılgınca güldüğünü duydu
and he caught her by the waist
Ve onu belinden yakaladı
and he whirled her madly round and round
ve onu çılgınca döndürdü ve döndürdü
Suddenly a dog barked in the woods
Aniden ormanda bir köpek havladı
and all the dancers stopped dancing
Ve tüm dansçılar dans etmeyi bıraktı
they knelt down and kissed the man's hands
Diz çöktüler ve adamın ellerini öptüler

As they did so a little smile touched his proud lips
Bunu yaparken, gururlu dudaklarına küçük bir gülümseme dokundu
like when a bird's wing touches the water
bir kuşun kanadının suya değmesi gibi
and it makes the water laugh a little
Ve suyu biraz güldürüyor
But there was disdain in his smile
Ama gülümsemesinde küçümseme vardı
He kept looking at the young Fisherman
Genç Balıkçı'ya bakmaya devam etti
"Come! let us worship" whispered the Witch
"Gel! ibadet edelim" diye fısıldadı Cadı
and she led him up to the man
Ve onu adama götürdü
a great desire to follow her seized him
Onu takip etmek için büyük bir arzu onu ele geçirdi
and he followed her to the man
Adam da onu adama kadar takip etti
But when he came close he made the sign of the Cross
Ama yaklaştığında Haç işareti yaptı
he did this without knowing why he did it
Bunu neden yaptığını bilmeden yaptı
and he called upon the holy name
Ve kutsal isme seslendi
As soon as he did this the Witches screamed like hawks
Bunu yapar yapmaz Cadılar şahinler gibi çığlık attılar
and all the Witches flew away like bats
ve tüm Cadılar yarasalar gibi uçup gittiler
the figure under the shadow tWitched with pain
Gölgenin altındaki figür acıyla büyülendi
The man went over to a little wood and whistled
Adam küçük bir ormana gitti ve ıslık çaldı
A horse with silver trappings came running to meet him
Gümüş süslü bir at onu karşılamak için koşarak geldi
As he leapt upon the saddle he turned round

Eyerin üzerine sıçrayarak arkasını döndü
and he looked at the young Fisherman sadly
ve genç Balıkçı'ya üzgün bir şekilde baktı
the Witch with the red hair also tried to fly away
kızıl saçlı cadı da uçup gitmeye çalıştı
but the Fisherman caught her by her wrists
ama Balıkçı onu bileklerinden yakaladı
and he kept hold of her tightly
Ve onu sıkıca tuttu
"Let me loose!" she cried, "Let me go!"
"Bırak beni!" diye bağırdı, "Bırak beni!"
"thou hast named what should not be named"
"İsimlendirilmemesi gerekeni adlandırdın"
"and thou hast shown the sign that may not be looked at"
"Ve sen bakılmayacak bir işaret gösterdin"
"I will not let thee go till thou hast told me the secret"
"Bana sırrı söyleyene kadar seni bırakmayacağım"
"What secret?" said the Witch
"Ne sırrı?" dedi Cadı
and she wrestled with him like a wild cat
Ve onunla vahşi bir kedi gibi güreşti
and she bit her foam-flecked lips
Ve köpük benekli dudaklarını ısırdı
"You know the secret," replied the Fisherman
"Sırrı biliyorsun," diye yanıtladı Balıkçı
Her grass-green eyes grew dim with tears
Çimen yeşili gözleri yaşlarla karardı
"Ask me anything but that!" she begged of the Fisherman
"Bana bundan başka bir şey sor!" diye yalvardı Balıkçı'ya
He laughed, and held her all the more tightly
Güldü ve onu daha da sıkı tuttu
She saw that she could not free herself
Kendini kurtaramayacağını gördü
when she realized this she whispered to him
Bunu fark ettiğinde ona fısıldadı
"Surely I am as fair as the daughters of the sea"

"Elbette ben de denizin kızları kadar adilim"
"and I am as comely as those that dwell in the blue waters"
"ve ben mavi sularda yaşayanlar kadar güzelim"
and she fawned on him and put her face close to his
ve ona yaltaklandı ve yüzünü onunkine yaklaştırdı
But he thrust her back and replied to her
Ama onu geri itti ve ona cevap verdi
"If thou don't keep your promise I will slay thee"
"Sözünü tutmazsan seni öldürürüm"
"I will slay thee for a false Witch"
"Seni sahte bir cadı için öldüreceğim"
She grew gas rey as a blossom of the Judas tree
Erguvan ağacının bir çiçeği olarak gaz rey yetiştirdi
and a strange shudder past through her body
ve vücudunda garip bir ürperti geçti
"if that is how you want it to be," she muttered
"Eğer böyle olmasını istiyorsan," diye mırıldandı
"It is thy Soul and not mine"
"Bu senin ruhun, benim değil"
"Do with your Soul as thou wish"
"Ruhunla dilediğini yap"
And she took from her girdle a little knife
Ve kuşağından küçük bir bıçak çıkardı
the knife had a handle of green viper's skin
Bıçağın sapı yeşil engerek derisinden yapılmıştı
and she gave him this green little knife
Ve ona bu yeşil küçük bıçağı verdi
"What shall I do with this?" he asked of her
"Bununla ne yapacağım?" diye sordu
She was silent for a few moments
Birkaç dakika sessiz kaldı
a look of terror came over her face
Yüzünde bir dehşet ifadesi belirdi
Then she brushed her hair back from her forehead
Sonra saçlarını alnından geriye doğru taradı
and, smiling strangely, she spoke to him

Ve garip bir şekilde gülümseyerek onunla konuştu
"men call it the shadow of the body"
"Erkekler buna bedenin gölgesi diyor"
"but it is not the shadow of the body"
"Ama bedenin gölgesi değil"
"the shadow is the body of the Soul"
"gölge ruhun bedenidir"
"Stand on the sea-shore with thy back to the moon"
"Sırtını aya dayayarak deniz kıyısında dur"
"cut away from around thy feet thy shadow"
"Ayaklarının etrafından kes gölgeni"
"the shadow, which is thy Soul's body"
"Ruhunun bedeni olan gölge"
"and bid thy Soul to leave thee"
"ve Ruhunun seni terk etmesini teklif et"
"and thy Soul will leave thee"
"ve Ruhun seni terk edecek"
The young Fisherman trembled, "Is this true?"
Genç Balıkçı titredi, "Bu doğru mu?"
"what I have said is true," she answered him
"Söylediklerim doğru," diye yanıtladı ona
"and I wish that I had not told thee of it"
"ve keşke sana söylemeseydim"
she cried, and clung to his knees weeping
Ağladı ve ağlayarak dizlerine sarıldı
he moved her away from him in the tall grass
Onu uzun otların arasında ondan uzaklaştırdı
and he placed the little green knife in his belt
Ve küçük yeşil bıçağı kemerine yerleştirdi
then he went to the edge of the mountain
Sonra dağın kenarına gitti
from the edge of the mountain he began to climb down
Dağın kenarından aşağı inmeye başladı

The Soul
Ruh

his Soul called out to him
Ruhu ona seslendi
"I have dwelt with thee for all these years"
"Bunca yıldır seninle yaşadım"
"and I have been thy servant"
"Ben de senin kulundum"
"Don't send me away from thee"
"Beni senden uzaklaştırma"
"what evil have I done thee?"
"Sana ne kötülük yaptım?"
And the young Fisherman laughed
Ve genç Balıkçı güldü
"Thou has done me no evil"
"Bana hiçbir kötülük yapmadın"
"but I have no need of thee"
"ama sana ihtiyacım yok"
"The world is wide"
"Dünya geniş"
"there is Heaven and Hell in this life"
"Bu hayatta Cennet ve Cehennem var"
"and there a dim twilight between them"
"Ve aralarında loş bir alacakaranlık var"
"Go wherever thou wilt, but trouble me not"
"Nereye gidersen git, ama beni rahatsız etme"
"because my love is calling to me"
"Çünkü aşkım beni çağırıyor"
His Soul besought him piteously
Ruhu ona acınacak bir şekilde yalvardı
but the young Fishmerman heeded it not
ama genç Balıkçı buna aldırış etmedi
instead, he leapt from crag to crag
Bunun yerine, kayalıktan kayalığa atladı
he moved as sure-footed as a wild goat

Bir yaban keçisi kadar emin adımlarla hareket etti
and at last he reached the level ground
Ve sonunda düz bir zemine ulaştı
and then he reached the yellow shore of the sea
Ve sonra denizin sarı kıyısına ulaştı
He stood on the sand with his back to the moon
Sırtı aya dönük kumun üzerinde durdu
and out of the sea-foam came white arms
Ve deniz köpüğünden beyaz kollar çıktı
the arms of the mermaid beckoned him to come
Deniz kızının kolları onu gelmesi için işaret etti
Before him lay his shadow; the body of his Soul
Önünde gölgesi yatıyordu; Ruhunun bedeni
behind him hung the moon, in honey-coloured air
Arkasında bal rengi bir havada ay asılıydı
And his Soul spoke to him again
Ve Ruhu onunla tekrar konuştu
"thou hast decided to drive me away from thee"
"Beni senden uzaklaştırmaya karar verdin"
"but send me not forth without a heart"
"Ama beni kalpsiz gönderme"
"The world you are sending me to is cruel"
"Beni gönderdiğin dünya acımasız"
"give me thy heart to take with me"
"Yanımda götürmem için bana kalbini ver"
He tossed his head and smiled
Başını savurdu ve gülümsedi
"With what should I love if I gave thee my heart?"
"Sana kalbimi versem neyi seveyim?"
"Nay, but be merciful," said his Soul
"Hayır, merhametli ol" dedi Ruhu
"give me thy heart, for the world is very cruel"
"Bana kalbini ver, çünkü dünya çok acımasız"
"and I am afraid," begged his soul
"ve korkuyorum," diye yalvardı ruhu
"My heart belongs my love," he answered

"Kalbim aşkıma ait" diye yanıtladı
"Should I not love also?" asked his Soul
"Ben de sevmeyeyim mi?" diye sordu Ruhu
but the fisherman didn't answer his soul
Ama balıkçı ruhuna cevap vermedi
"Get thee gone, for I have no need of thee"
"Git, çünkü sana ihtiyacım yok"
and he took the little knife
Ve küçük bıçağı aldı
the knife with its handle of green viper's skin
Yeşil engerek derisinden saplı bıçak
and he cut away his shadow from around his feet
Ve gölgesini ayaklarının etrafından kesti
and his shadow rose up and stood before him
Ve gölgesi yükseldi ve önünde durdu
his shadow was just like he was
Gölgesi de tıpkı kendisi gibiydi
and his shadow looked just like he did
Ve gölgesi tıpkı onun gibi görünüyordu
He crept back and put his knife into his belt
Geri çekildi ve bıçağını kemerine soktu
A feeling of awe came over him
Üzerine bir huşu duygusu geldi
"Get thee gone," he murmured
"Git," diye mırıldandı
"let me see thy face no more"
"Yüzünü bir daha görmeme izin ver"
"Nay, but we must meet again," said the Soul
"Hayır, ama tekrar buluşmalıyız," dedi Ruh
His Soul's voice was low and like a flute
Ruhunun sesi alçaktı ve flüt gibiydi
its lips hardly moved while it spoke
Konuşurken dudakları neredeyse hiç hareket etmiyordu
"How shall we meet?" asked the young Fisherman
"Nasıl tanışalım?" diye sordu genç balıkçı
"Thou wilt not follow me into the depths of the sea?"

"Beni denizin derinliklerine kadar takip etmeyecek misin?"
"Once every year I will come to this place"
"Her yıl bir kez bu yere geleceğim"
"I will call to thee," said the Soul
"Sana sesleneceğim," dedi Ruh
"It may be that thou will have need of me"
"Belki bana muhtaç olacaksın"
the young Fishermam did not see a reason
genç Balıkçı bir sebep görmedi
"What need could I have of thee?"
"Sana ne ihtiyacım olabilir ki?"
"but be it as thou wilt"
"Ama istediğin gibi olsun"
he plunged into the deep dark waters
Derin karanlık sulara daldı
and the Tritons blew their horns to welcome him
ve Tritonlar onu karşılamak için boynuzlarını öttürdüler
the little Mermaid rose up to meet her lover
küçük Deniz Kızı sevgilisiyle tanışmak için ayağa kalktı
she put her arms around his neck
Kollarını boynuna doladı
and she kissed him on the mouth
Ve onu ağzından öptü
His Soul stood on the lonely beach
Ruhu ıssız kumsalda duruyordu
his Soul watched them sink into the sea
Ruhu onların denize batmasını izledi
then his Soul went weeping away over the marshes
sonra Ruhu bataklıklara ağlayarak gitti

After the First Year
İlk Yıldan Sonra

it had been one year since had he cast his soul away
Ruhunu bir kenara attığından bu yana bir yıl geçmişti
the Soul came back to the shore of the sea
Ruh denizin kıyısına geri döndü
and the Soul called to the young Fisherman
ve Ruh genç Balıkçı'ya seslendi
the young Fisherman rose back out of the sea
genç Balıkçı denizden geri döndü
he asked his soul, "Why dost thou call me?"
Ruhuna, "Beni neden çağırıyorsun?" diye sordu.
And the Soul answered, "Come nearer"
Ve Ruh cevap verdi: "Yaklaş"
"come nearer, so that I may speak with thee"
"Yaklaş da seninle konuşayım"
"I have seen marvellous things"
"Muhteşem şeyler gördüm"
So the young Fisherman came nearer to his soul
Böylece genç Balıkçı ruhuna daha da yaklaştı
and he couched in the shallow water
Ve sığ suda uzandı
and he leaned his head upon his hand
ve başını eline yasladı
and he listened to his Soul
ve Ruhunu dinledi
and his Soul spoke to him
ve Ruhu onunla konuştu

When I left thee I turned East
Senden ayrıldığımda Doğu'ya döndüm
From the East cometh everything that is wise
Hikmetli olan her şey Doğu'dan gelir
For six days I journeyed eastwards
Altı gün boyunca doğuya doğru yolculuk yaptım

on the morning of the seventh day I came to a hill
yedinci günün sabahı bir tepeye geldim
a hill that is in the country of the Tartars
Tatarların ülkesinde olan bir tepe
I sat down under the shade of a tamarisk tree
Bir ılgın ağacının gölgesine oturdum
in order to shelter myself from the sun
Kendimi güneşten korumak için
The land was dry and had burnt up from the heat
Toprak kuruydu ve sıcaktan yanmıştı
The people went to and fro over the plain
İnsanlar ovaya gidip geliyorlardı
they were like flies crawling on polished copper
Cilalı bakır üzerinde sürünen sinekler gibiydiler
When it was noon a cloud of red dust rose
Öğlen olduğunda kırmızı bir toz bulutu yükseldi
When the Tartars saw it they strung their bows
Tatarlar bunu görünce yaylarını gerdiler
and they leapt upon their little horses
Onlar da küçük atlarına atladılar
they galloped to meet the cloud of red dust
Kırmızı toz bulutuyla buluşmak için dörtnala koştular
The women fled to the wagons, screamin
Kadınlar çığlık atarak vagonlara kaçtı
they hid themselves behind the felt curtains
Kendilerini keçe perdelerin arkasına sakladılar
At twilight the Tartars returned to their camp
Alacakaranlıkta Tatarlar kamplarına döndüler
but five of them did not return
Ancak beşi geri dönmedi
many of them had been wounded
Birçoğu yaralanmıştı
They harnessed their horses to the wagons
Atlarını vagonlara koştular
and they drove away hastily
Ve aceleyle uzaklaştılar

Three jackals came out of a cave and peered after them
Üç bir mağaradan çıktı ve arkalarından baktı
the jackals sniffed the air with their nostrils
burun delikleriyle havayı kokladılar
and they trotted off in the opposite direction
Ve ters yönde tırıs gittiler
When the moon rose I saw a camp-fire
Ay doğduğunda bir kamp ateşi gördüm
and I went towards the fire in the distance
ve uzaktaki ateşe doğru gittim
A company of merchants were seated round the fire
Ateşin etrafında bir grup tüccar oturuyordu
the merchants were sitting on their carpets
Tüccarlar halılarının üzerinde oturuyorlardı
Their camels were tied up behind them
Develeri arkalarından bağlandı
and their servants were pitching tents in the sand
Hizmetçileri kuma çadır kuruyorlardı
As I came near them the chief rose up
Yanlarına geldiğimde şef ayağa kalktı
he drew his sword and asked me my intentions
Kılıcını çekti ve niyetimi sordu
I answered that I was a Prince in my own land
Kendi ülkemde bir prens olduğumu söyledim
I said I had escaped from the Tartars
Tatarlardan kaçtığımı söyledim
they had sought to make me their slave
Beni köleleri yapmaya çalışmışlardı
The chief smiled and showed me five heads
Şef gülümsedi ve bana beş kafa gösterdi
the heads were fixed upon long reeds of bamboo
Kafalar uzun bambu sazlıklarına sabitlendi
Then he asked me who was the prophet of God
Sonra bana Tanrı'nın peygamberinin kim olduğunu sordu
I answered him that it was, "Mohammed"
Ona "Muhammed" diye cevap verdim

He bowed and took me by the hand
Eğildi ve elimden tuttu
and he let me sit by his side
Ve yanına oturmama izin verdi
A servant brought me some mare's milk in a wooden-dish
Bir hizmetçi bana tahta bir tabakta biraz kısrak sütü getirdi
and he brought a piece of lamb's flesh
Kuzu etinden bir parça getirdi
At daybreak we started on our journey
Şafak sökerken yolculuğumuza başladık
I rode on a red-haired camel, by the side of the chief
Kızıl saçlı bir deveye bindim, şefin yanında
a runner ran before us, carrying a spear
Mızrak taşıyan bir koşucu önümüzde koştu
The men of war were on both sides of us
Savaş adamları her iki tarafımızdaydı
and the mules followed with the merchandise
Katırlar da malları takip etti
There were forty camels in the caravan
Kervanda kırk deve vardı
and the mules were twice forty in number
ve katırların sayısı iki kat kırktı

We went from the land of Tartars to the land of Gryphons
Tatarların ülkesinden Grifonların ülkesine gittik
The folk of the Gryphons curse the Moon
Gryphon halkı Ay'ı lanetliyor
We saw the Gryphons on the white rocks
Beyaz kayaların üzerinde Gryphon'ları gördük
they were guarding their gold treasure
Altın hazinelerini koruyorlardı
And we saw the scaled Dragons sleeping in their caves
Ve mağaralarında uyuyan pullu Ejderhaları gördük
As we passed over the mountains we held our breath
Dağların üzerinden geçerken nefesimizi tuttuk
so that the snow would not fall on us

Kar üzerimize düşmesin diye
and each man tied a veil over his eyes
Ve her adam gözlerinin üzerine bir örtü bağladı
when we passed through the valleys of the Pygmies
Pigmelerin vadilerinden geçtiğimizde
and the Pygmies shot their arrows at us
ve Pigmeler oklarını bize fırlattılar
they shot from the hollows of the trees
Ağaçların kovuklarından ateş ettiler
at night we heard the wild men beat their drums
Geceleri vahşi adamların davullarını çaldıklarını duyduk
When we came to the Tower of Apes we offered fruits
Maymunlar Kulesi'ne geldiğimizde meyve ikram ettik
and those inthe tower of the Apes did not harm us
ve Maymunlar Kulesi'ndekiler bize zarar vermedi
When we came to the Tower of Serpents we offered milk
Kulesi'ne geldiğimizde süt ikram ettik
and those in the tower of the Serpents let us go past
ve Yılanların kulesindekiler geçmemize izin verdi
Three times in our journey we came to the banks of the Oxus
Yolculuğumuz boyunca üç kez Oxus kıyılarına geldik
We crossed the river Oxus on rafts of wood
Oxus nehrini tahta sallarla geçtik
The river horses raged and tried to slay us
Nehir atları öfkelendi ve bizi öldürmeye çalıştı
When the camels saw them they trembled
Develer onları görünce titredi
The kings of each city levied tolls on us
Her şehrin kralları bizden geçiş ücreti aldı
but they would not allow us to enter their gates
Ama kapılarından girmemize izin vermediler
They threw bread over the walls to us
Duvarların üzerinden bize ekmek attılar
and they gave us little maize-cakes baked in honey
Ve bize balda pişirilmiş küçük mısırlı kekler verdiler
and cakes of fine flour filled with dates

ve hurma ile doldurulmuş ince un kekleri
For every hundred baskets we gave them a bead of amber
Her yüz sepet için onlara bir kehribar boncuğu verdik
When villagers saw us coming they poisoned the wells
Köylüler geldiğimizi görünce kuyuları zehirlediler
and the villagers fled to the hill-summits
Köylüler tepelere kaçtılar
on our journey we fought with the Magadae
yolculuğumuzda Magadae ile savaştık
They are born old, and grow younger every year
Yaşlı doğarlar ve her yıl gençleşirler
they die when they are little children
küçük çocukken ölürler
and on our journey we fought with the Laktroi
ve yolculuğumuzda Laktroi ile savaştık
they say that the Laktroi are the sons of tigers
Laktroi'nin kaplanların oğulları olduğunu söylüyorlar
and they paint themselves yellow and black
Ve kendilerini sarı ve siyaha boyarlar
And on our journey we fought with the Aurantes
Ve yolculuğumuzda Aurantes ile savaştık
they bury their dead on the tops of trees
Ölülerini ağaçların tepelerine gömerler
the Sun, who is their god, slays their buried
tanrıları olan Güneş, gömülenleri öldürür
so they live in dark caverns
Bu yüzden karanlık mağaralarda yaşıyorlar
And on our journey we fought with the Krimnians
Ve yolculuğumuzda Krimnianlarla savaştık
the folk of the Krimnians worship a crocodile
Krimnians halkı bir timsaha taparlar
they give the crocodile earrings of green glass
Timsahlara yeşil camdan küpeler veriyorlar
they feed the crocodile with butter and fresh fowls
Timsahı tereyağı ve taze kümes hayvanlarıyla beslerler
we fought with the Agazonbae, who are dog-faced

köpek suratlı Agazonbae ile savaştık
and we fought with the Sibans, who have horses' feet
ve atların ayakları olan Sibanlarla savaştık
and they can run swifter than the fastest horses
Ve en hızlı atlardan daha hızlı koşabilirler

A third of our army died in battle
Ordumuzun üçte biri savaşta öldü
a third of our army died from want of food
Ordumuzun üçte biri yiyecek kıtlığından öldü
The rest of our army murmured against me
Ordumuzun geri kalanı bana karşı mırıldandı
they said that I had brought them an evil fortune
Onlara kötü bir servet getirdiğimi söylediler
I took an adder from beneath a stone
Bir taşın altından bir toplayıcı aldım
and I let the adder bite my hand
ve toplayıcının elimi ısırmasına izin verdim
When they saw I did not sicken they grew afraid
Midemin bulanmadığını görünce korkmaya başladılar
In the fourth month we reached the city of Illel
Dördüncü ayda Illel şehrine ulaştık
It was night time when we reached the city
Şehre vardığımızda gece vaktiydi
we arrived at the grove outside the city walls
Surların dışındaki koruya vardık
the air in the city was sultry
Şehrin havası boğucuydu
because the Moon was travelling in Scorpion
çünkü Ay Akrep'te seyahat ediyordu
We took the ripe pomegranates from the trees
Olgunlaşan narları ağaçlardan aldık
and we broke them, and drank their sweet juices
Onları kırdık ve tatlı sularını içtik
Then we laid down on our carpets
Sonra halılarımızın üzerine uzandık

and we waited for the dawn to come
Ve şafağın gelmesini bekledik.
At dawn we rose and knocked at the gate of the city
Şafak vakti kalktık ve şehrin kapısını çaldık
the gate was wrought out of red bronze
Kapı kırmızı bronzdan yapılmıştır
and the gate had carvings of sea-dragons
ve kapıda deniz ejderhalarının oymaları vardı
The guards looked down from the battlements
Muhafızlar siperlerden aşağı baktılar
and they asked us what our intentions were
Ve bize niyetimizin ne olduğunu sordular
The interpreter of the caravan answered
Kervanın tercümanı cevap verdi
we said we had come from the land of Syria
Suriye topraklarından geldiğimizi söyledik
and we told him we had many merchandise
Ve ona birçok malımız olduğunu söyledik
They took some of us as hostages
Bazılarımızı rehin aldılar
and they told us they would open the gate at noon
Öğlen kapıyı açacaklarını söylediler
when it was noon they opened the gate
Öğlen olunca kapıyı açtılar
when we entered the people came out of the houses
İçeri girdiğimizde insanlar evlerden dışarı çıktılar
they came in order to look at us
Bize bakmak için geldiler
and a town crier went around the city
Ve bir kasaba çığırtkanı şehrin etrafında dolaştı
he made announcements of our arrival through a shell
Bir mermi aracılığıyla varışımızı duyurdu
We stood in the market-place of the medina
Medine'nin pazar yerinde durduk
and the servants uncorded the bales of cloths
Hizmetçiler kumaş balyalarının iplerini çözdüler

they opened the carved chests of sycamore
Çınarın oyulmuş sandıklarını açtılar
Then merchants set forth their strange wares
Sonra tüccarlar garip mallarını ortaya koydular
waxed linen from Egypt, painted linen from the Ethiops
Mısır'dan mumlu keten, Etiyop'tan boyalı keten
purple sponges from Tyre, cups of cold amber
Tire'den mor süngerler, soğuk kehribar bardaklar
fine vessels of glass, and curious vessels of burnt clay
ince cam kaplar ve yanmış kilden meraklı kaplar
From the roof of a house a company of women watched us
Bir evin çatısından bir grup kadın bizi izledi
One of them wore a mask of gilded leather
İçlerinden biri yaldızlı deriden bir maske takıyordu

on the first day the Priests came and bartered with us
ilk gün rahipler geldi ve bizimle takas yaptılar
On the second day the nobles came and bartered with us
İkinci gün soylular geldi ve bizimle takas yaptılar
on the third day the craftsmen came and bartered with us
Üçüncü gün esnaf geldi ve bizimle takas yaptı
all of them brought their slaves to us
Hepsi kölelerini bize getirdiler
this is their custom with all merchants
Bu, tüm tüccarlar için onların geleneğidir
we waited for the moon to come
Ayın gelmesini bekledik.
when the moon was waning I wandered away
Ay küçülürken uzaklaştım
I wondered through the streets of the city
Şehrin sokaklarında merak ettim
and I came to the garden of the city's God
ve şehrin Tanrısının bahçesine geldim
The Priests in their yellow robes moved silently
Sarı cüppeleri içindeki rahipler sessizce hareket ettiler
they moved through the green trees

Yeşil ağaçların arasından geçtiler
There was a pavement of black marble
Siyah mermerden bir kaldırım vardı
and on this pavement stood a rose-red house
Ve bu kaldırımda gül kırmızısı bir ev duruyordu
this was the house in which the God was dwelling
burası Tanrı'nın yaşadığı evdi
its doors were of powdered lacquer
Kapıları toz lake kumaştan yapılmıştır
and bulls and peacocks were wrought on the doors
Kapılara boğalar ve tavus kuşları dövüldü
and the doors were polished with gold
ve kapılar altınla parlatıldı
The tiled roof was of sea-green porcelain
Kiremitli çatı deniz yeşili porselendendi
and the jutting eaves were festooned with little bells
ve çıkıntılı saçaklar küçük çanlarla süslendi
When the white doves flew past they struck the bells
Beyaz güvercinler uçup gittiklerinde çanlara vurdular
they struck the bells with their wings
çanlara kanatlarıyla vurdular
and the doves made the bells tinkle
Ve güvercinler çanları çınlattı
In front of the temple was a pool of clear water
Tapınağın önünde berrak bir su havuzu vardı
the pool was paved with veined onyx
Havuz damarlı oniks ile döşenmiştir
I laid down beside the water of the pool
Havuzun suyunun kenarına uzandım
and with my pale fingers I touched the broad leaves
ve solgun parmaklarımla geniş yapraklara dokundum
One of the Priests came towards me
Rahiplerden biri bana doğru geldi
and the priest stood behind me
Rahip arkamda durdu
He had sandals on his feet

Ayağında sandalet vardı
one sandal was of soft serpent-skin
Bir sandalet yumuşak yılan derisindendi
and the other sandal was of birds' plumage
diğer sandalet ise kuş tüylerindendi
On his head was a mitre of black felt
Kafasında siyah keçeden bir gönye vardı
and it was decorated with silver crescents
ve gümüş hilallerle süslendi
Seven kinds of yellow were woven into his robe
Cübbesine yedi çeşit sarı dokunmuştu
and his frizzed hair was stained with antimony
ve kıvırcık saçları antimon ile boyanmıştı

After a little while he spoke to me
Kısa bir süre sonra benimle konuştu
finally, he asked me my desire
Sonunda bana arzumu sordu
I told him that my desire was to see their god
Ona arzumun tanrılarını görmek olduğunu söyledim
He looked strangely at me with his small eyes
Küçük gözleriyle bana tuhaf tuhaf baktı
"The god is hunting," said the Priest
"Tanrı avlanıyor," dedi Rahip
I did not accept the answer of the priest
Rahibin cevabını kabul etmedim
"Tell me in what forest and I will ride with him"
"Bana hangi ormanda olduğunu söyle, ben de onunla bineyim"
his finger nails were long and pointed
Tırnakları uzun ve sivriydi
he combed out the soft fringes of his tunic
Tuniğinin yumuşak püskülerini taradı
"The god is asleep," he murmured
"Tanrı uyuyor," diye mırıldandı
"Tell me on what couch, and I will watch over him"

"Bana hangi kanepede olduğunu söyle, ben de ona göz kulak olayım"
"The god is at the feast" he cried
"Tanrı ziyafette," diye bağırdı
"If the wine be sweet, I will drink it with him"
"Şarap tatlıysa, onunla içerim"
"and if the wine be bitter, I will drink it with him also"
"ve eğer şarap acıysa, onunla da içerim"
He bowed his head in wonder
Şaşkınlıkla başını eğdi
then he took me by the hand
Sonra elimden tuttu
and raised me up onto my feet
ve beni ayağa kaldırdı
and he led me into the temple
Ve beni tapınağa götürdü

In the first chamber I saw an idol
İlk odada bir idol gördüm
This idol was seated on a throne of jasper
Bu idol jasper'ın tahtına oturtulmuştu
the idol was bordered with great orient pearls
İdol, büyük doğu incileriyle çevriliydi
and on its forehead was a great ruby
ve alnında büyük bir yakut vardı
the idol was of a man, carved out of ebony
İdol, abanozdan oyulmuş bir adama aitti
thick oil dripped from its hair to its thighs
Saçlarından uyluklarına kadar kalın yağ damladı
Its feet were red with the blood of a newly-slain lamb
Ayakları yeni öldürülmüş bir kuzunun kanıyla kıpkırmızıydı
and its loins girt with a copper belt
ve belleri bakır kemerle kuşatılır
copper that was studded with seven beryls
yedi beril ile çivilenmiş bakır
And I said to the Priest, "Is this the god?"

Rahibe, "Bu tanrı mı?" diye sordum.
And he answered me, "This is the god"
Ve bana cevap verdi, "Bu tanrıdır"
"Show me the god," I cried, "or I will slay thee"
"Bana tanrıyı göster," diye bağırdım, "yoksa seni öldürürüm"
I touched his hand and it withered
Eline dokundum ve soldu
"Let my lord heal his servant," he begged me
"Efendim kulunu iyileştirsin" diye yalvardı bana
"heal his servant and I will show him the God"
"Kulunu iyileştir, ona Tanrı'yı göstereyim"
So I breathed with my breath upon his hand
Ben de nefesimi onun elinin üzerine alarak nefes aldım
when I did this his hand became whole again
bunu yaptığımda eli tekrar bütünleşti
and the priest trembled with fear
Ve rahip korkudan titredi
Then he led me into the second chamber
Sonra beni ikinci odaya götürdü
in this chamber I saw another idol
bu odada başka bir idol gördüm
The idol was standing on a lotus of jade
İdol bir yeşim nilüferinin üzerinde duruyordu
the lotus hung with great emeralds
Lotus büyük zümrütlerle asılı kaldı
and the lotus was carved out of ivory
ve nilüfer fildişinden oyulmuştu
its stature was twice the stature of a man
Boyu bir erkeğin iki katıydı
On its forehead was a great chrysolite
Alnında büyük bir krizolit vardı
its breasts were smeared with myrrh and cinnamon
göğüslerine mür ve tarçın bulaşmıştı
In one hand it held a crooked sceptre of jade
Bir elinde çarpık bir yeşim asası tutuyordu
and in the other hand it held a round crystal

ve diğer elinde yuvarlak bir kristal tutuyordu
and its thick neck was circled with selenites
ve kalın boynu selenitlerle çevrelenmiştir
I asked the Priest, "Is this the god?"
Rahibe, "Bu tanrı mı?" diye sordum.
he answered me, "This is the god"
Bana "Bu tanrıdır" diye cevap verdi.
"Show me the god," I cried, "or I will slay thee"
"Bana tanrıyı göster," diye bağırdım, "yoksa seni öldürürüm"
And I touched his eyes and they became blind
Ve gözlerine dokundum ve kör oldular
And the Priest begged me for mercy
Ve Rahip merhamet için bana yalvardı
"Let my lord heal his servant"
"Efendim kulunu iyileştirsin"
"heal me and I will show him the God"
"Beni iyileştir ve ona Tanrı'yı göstereceğim"
So I breathed with my breath upon his eyes
Bu yüzden nefesimi gözlerinde tutarak nefes aldım
and the sight came back to his eyes
Ve manzara gözlerine geri döndü
He trembled with fear again
Yine korkudan titredi
and then he led me into the third chamber
Ve sonra beni üçüncü odaya götürdü

There was no idol in the third chamber
Üçüncü odada idol yoktu
there were no images of any kind
herhangi bir görüntü yoktu
all there was in the room was a mirror
Odada sadece bir ayna vardı
the mirror was made of round metal
ayna yuvarlak metalden yapılmıştır
the mirror was set on an altar of stone
Ayna taştan bir sunağın üzerine yerleştirildi

I said to the Priest, "Where is the god?"
Rahibe, "Tanrı nerede?" diye sordum.
he answered me, "There is no god but this mirror
Bana şöyle cevap verdi: "Bu aynadan başka ilah yoktur
because this is the Mirror of Wisdom
çünkü bu Bilgeliğin Aynasıdır
It reflects all things that are in heaven
Cennette olan her şeyi yansıtır
and it reflects all things that are on earth
Ve yeryüzündeki her şeyi yansıtır
except for the face of him who looketh into it
Ona bakanın yüzü müstesnadır
him who looketh into it it reflects not
Kim ona bakarsa, yansıtmaz
so he who looketh into the mirror will become wise
Böylece aynaya bakan bilge olacaktır
there are many other mirrors in the world
Dünyada başka birçok ayna var
but they are mirrors of opinion
ama onlar düşüncenin aynasıdır
This is the only mirror that shows Wisdom
Bilgeliği gösteren tek ayna budur
those who possess this mirror know everything
Bu aynaya sahip olanlar her şeyi bilir
There isn't anything that is hidden from them
Onlardan gizlenen hiçbir şey yok
And those who don't possess the mirror don't have Wisdom
Ve aynaya sahip olmayanların Bilgeliği yoktur
Therefore this mirror is the God
Bu nedenle bu ayna Tanrı'dır
and that is why we worship this mirror
Ve bu yüzden bu aynaya tapıyoruz
And I looked into the mirror
Ve aynaya baktım
and it was as he had said to me
Ve bana söylediği gibiydi

And then I did a strange thing
Ve sonra garip bir şey yaptım
but what I did matters not
ama ne yaptığım önemli değil
There a valley that is but a day's journey from here
Buradan sadece bir günlük yolculuk mesafesinde olan bir vadi var
in this valley I have hidden the Mirror of Wisdom
Bu vadide Bilgelik Aynası'nı sakladım
Allow me to enter into thee again
Sana tekrar girmeme izin ver
accept me and thou shalt be wiser than all the wise men
Beni kabul et ve tüm bilge adamlardan daha bilge olacaksın
let me enter into thee and none will be as wise as thou
Sana girmeme izin ver, kimse senin kadar bilge olamaz
But the young Fisherman laughed
Ama genç Balıkçı güldü
"Love is better than Wisdom"
"Aşk Bilgelikten Daha İyidir"
"The little Mermaid loves me"
"Küçük Deniz Kızı beni seviyor"
"But there is nothing better than Wisdom" said the Soul
"Ama Bilgelikten daha iyi bir şey yoktur" dedi Ruh
"Love is better," answered the young Fisherman
"Aşk daha güzeldir," diye cevap verdi genç balıkçı
and he plunged into the deep sea
Ve derin denize daldı
and the Soul went weeping away over the marshes
ve Ruh bataklıklarda ağlayarak uzaklaştı

After the Second Year
İkinci Yıldan Sonra

it had been two years since he had cast his soul away
Ruhunu bir kenara attığından bu yana iki yıl geçmişti
the Soul came back to the shore of the sea
Ruh denizin kıyısına geri döndü
and the Soul called to the young Fisherman
ve Ruh genç Balıkçı'ya seslendi
the young Fisherman rose back out of the sea
genç Balıkçı denizden geri döndü
he asked his soul, "Why dost thou call me?"
Ruhuna, "Beni neden çağırıyorsun?" diye sordu.
And the Soul answered, "Come nearer"
Ve Ruh cevap verdi: "Yaklaş"
"come nearer, so that I may speak with thee"
"Yaklaş da seninle konuşayım"
"I have seen marvellous things"
"Muhteşem şeyler gördüm"
So the young Fisherman came nearer to his soul
Böylece genç Balıkçı ruhuna daha da yaklaştı
and he couched in the shallow water
Ve sığ suda uzandı
and he leaned his head upon his hand
ve başını eline yasladı
and he listened to his Soul
ve Ruhunu dinledi
and his Soul spoke to him
ve Ruhu onunla konuştu

When I left thee I turned my face to the South
Senden ayrıldığımda yüzümü Güney'e çevirdim
From the South cometh everything that is precious
Değerli olan her şey Güney'den gelir
Six days I journeyed along the dusty paths
Altı gün boyunca tozlu yollarda yolculuk ettim

and the paths led to the city of Ashter
ve yollar Ashter şehrine çıktı
ways by which the pilgrims are wont to go
hacıların gitmeye alışkın olduğu yollar
on the morning of the seventh day I lifted up my eyes
yedinci günün sabahı gözlerimi kaldırdım
and lo! the city of Ashter lay at my feet
ve işte! Ashter şehri ayaklarımın dibinde yatıyordu
because the city of Ashter is in a valley
çünkü Aşter şehri bir vadi içindedir
There are nine gates around this city
Bu şehrin etrafında dokuz kapı vardır
in front of each gate stands a bronze horse
Her kapının önünde bronz bir at duruyor
the horses neigh when the Bedouins come from the mountains
Bedeviler dağlardan geldiğinde atlar kişnerler
The walls of the city are cased with copper
Şehrin duvarları bakırla kaplanmıştır
the watch-towers on the walls are roofed with brass
Duvarlardaki gözetleme kuleleri pirinçle kaplanmıştır
In every tower along the wall stands an archer
Duvar boyunca uzanan her kulede bir okçu duruyor
and each archer has a bow in his hand
Ve her okçunun elinde bir yay vardır
At sunrise he strikes a gong with an arrow
Güneş doğarken bir okla bir gong vurur
and at sunset he blows through a horn
Ve günbatımında bir kornadan üfler
when I sought to enter the guards stopped me
İçeri girmeye çalıştığımda gardiyanlar beni durdurdu
and the guards asked of me who I was
Muhafızlar bana kim olduğumu sordular
I made answer that I was a Dervish
Derviş olduğumu söyledim
I said I was on my way to the city of Mecca

Mekke'ye doğru yola çıktığımı söyledim
in Mecca there was a green veil
Mekke'de yeşil bir örtü vardı
the Koran was embroidered with silver letters on it
Kur'an-ı Kerim'in üzerine gümüş harflerle işlenmiştir
it was embroidered by the hands of the angels
Meleklerin elleriyle işlendi
the guards were filled with wonder at what I told them
gardiyanlar onlara söylediklerim karşısında şaşkınlıkla doluydular
and they entreated me to enter the city
Kente girmem için bana yalvardılar
Inside the city there was a bazaar
Şehrin içinde bir çarşı vardı
Surely thou should'st have been with me
Benimle birlikte olmalıydın
in the narrow streets the happy paper lanterns flutter
Dar sokaklarda mutlu kağıt fenerler çırpınıyor
they flutter like large butterflies
Büyük kelebekler gibi çırpınıyorlar
When the wind blows they rise and fall like bubbles
Rüzgar estiğinde baloncuklar gibi yükselir ve düşerler
In front of their booths sit the merchants
Stantlarının önünde tüccarlar oturuyor
every merchant sits on their silken carpets
Her tüccar ipek halılarının üzerinde oturur
They have long straight black beards
Uzun düz siyah sakalları var
and their turbans are covered with golden sequins
ve sarıkları altın payetlerle kaplıdır
they hold strings of amber and carved peach-stones
Kehribar ve oyulmuş şeftali taşlarından ipler tutarlar
and they glide them through their cool fingers
Ve onları serin parmaklarının arasından geçiriyorlar
Some of them sell galbanum and nard
Bazıları galbanum ve nard satıyor

some sell perfumes from the islands of the Indian Sea
bazıları Hint Denizi adalarından parfüm satıyor
and they sell the thick oil of red roses and myrrh
ve kırmızı gül ve mür kalın yağını satıyorlar
and they sell little nail-shaped cloves
ve küçük tırnak şeklinde karanfil satıyorlar
When one stops to speak to them they light frankincense
Biri onlarla konuşmak için durduğunda buhur yakarlar
they throw pinches of it upon a charcoal brazier
Bir kömür mangalına bir tutam atıyorlar
and it makes the air sweet
Ve havayı tatlı yapar
I saw a Syrian who held a thin rod
İnce bir çubuk tutan bir Suriyeli gördüm
grey threads of smoke came from the rod
Çubuktan gri duman iplikleri geldi
and its odour was like the odour of the pink almonds
ve kokusu pembe bademlerin kokusu gibiydi
Others sell silver bracelets embossed with turquoise stones
Diğerleri turkuaz taşlarla kabartmalı gümüş bilezikler satıyor
and anklets of brass wire fringed with little pearls
ve küçük incilerle saçaklı pirinç tel halhallar
and tigers' claws set in gold
ve kaplanların pençeleri altınla süslenmiştir
and the claws of that gilt cat
Ve o yaldızlı kedinin pençeleri
the the claws of leopards, also set in gold
Leoparların pençeleri, ayrıca altınla süslenmiş
and earrings of pierced emerald
ve delinmiş zümrüt küpeler
and finger-rings of hollowed jade
ve içi boş yeşim taşından parmak yüzükleri
From the tea-houses came the sound of the guitar
Çay evlerinden gitar sesleri geliyordu
and the opium-smokers were in the tea-houses
Afyon içenler çay evlerindeydi

their white smiling faces look out at the passers-by
Beyaz gülümseyen yüzleri yoldan geçenlere bakıyor
thou truly should'st have been with me
Gerçekten benimle olmalıydın
The wine-sellers elbow their way through the crowd
Şarap satıcıları kalabalığın arasından dirsek atarak ilerliyor
with great black skins on their shoulders
omuzlarında büyük siyah derilerle
Most of them sell the wine of Schiraz
Çoğu Şiraz şarabı satıyor
the wine of Schiraz is as sweet as honey
Şiraz'ın şarabı bal kadar tatlıdır
They serve it in little metal cups
Küçük metal bardaklarda servis ediyorlar
In the market-place stand the fruit sellers
Pazar yerinde meyve satıcıları duruyor
the fruit sellers sell all kinds of fruit
Meyve satıcıları her türlü meyveyi satarlar
ripe figs, with their bruised purple flesh
çürük mor etleriyle olgun incirler
melons, smelling of musk and yellow as topazes
kavun, misk ve topaz gibi sarı kokuyor
citrons and rose-apples and clusters of white grapes
ağaç kavunu ve gül elmaları ve beyaz üzüm salkımları
round red-gold oranges and oval lemons of green gold
yuvarlak kırmızı-altın portakallar ve yeşil altın oval limonlar
Once I saw an elephant go by the fruit sellers
Bir keresinde meyve satıcılarının yanından geçen bir fil gördüm
Its trunk was painted with vermilion and turmeric
Gövdesi vermilyon ve zerdeçal ile boyanmıştır
and over its ears it had a net of crimson silk cord
ve kulaklarının üzerinde kıpkırmızı ipek bir kordon ağı vardı
It stopped opposite one of the booths
Kabinlerden birinin karşısında durdu
and the elephant began eating the oranges

Ve fil portakalları yemeye başladı
instead of getting angry, the man only laughed
Adam sinirlenmek yerine sadece güldü
Thou canst not think how strange a people they are
Ne kadar tuhaf bir halk olduklarını düşünemezsin
When they are glad they go to the bird-sellers
Sevindiklerinde kuş satıcılarına giderler
they go to them to buy a caged bird
Kafese kapatılmış bir kuş almak için yanlarına giderler
and they set the bird free to increase their joy
Ve sevinçlerini artırmak için kuşu serbest bıraktılar
and when they are sad they scourge themselves with thorns
Üzgün olduklarında da dikenleri kırbaçlarlar
so that their sorrow may not grow less
Üzüntüleri azalmasın diye

One evening I met some slaves
Bir akşam bazı kölelerle tanıştım
they were carrying a heavy palanquin through the bazaar
Çarşıda ağır bir tahtırevan taşıyorlardı
It was made of gilded bamboo
Yaldızlı bambudan yapılmıştır
and the poles were of vermilion lacquer
ve direkler vermilyon ciladandı
it was studded with brass peacocks
Pirinç tavus kuşu ile süslenmiştir
Across the windows hung thin curtains
Pencerelerin karşısında ince perdeler asılıydı
the curtains were embroidered with beetles' wings
Perdeler böceklerin kanatlarıyla işlendi
and they were lined with tiny seed-pearls
ve küçük tohum incileriyle kaplıydılar
and as it passed by a pale-faced Circassian smiled at me
ve yanımdan geçerken solgun yüzlü bir Çerkes bana gülümsedi
I followed behind bearers of the palanquin

Tahtırevanın taşıyıcılarını takip ettim
and the slaves hurried their steps and scowled
Ve köleler adımlarını aceleyle attılar ve kaşlarını çattılar
But I did not care if they scowled
Ama kaşlarını çatmaları umurumda değildi
I felt a great curiosity come over me
Büyük bir merakın üzerime çöktüğünü hissettim
At last they stopped at a square white house
Sonunda kare beyaz bir evde durdular
There were no windows to the house
Evin penceresi yoktu
all the house had was a little door
Evin sahip olduğu tek şey küçük bir kapıydı
and the door was like the door of a tomb
Ve kapı bir mezarın kapısı gibiydi
They set down the palanquin at the house
Tahtırevanı eve bıraktılar
and they knocked three times with a copper hammer
Ve bakır bir çekiçle üç kez vurdular
An Armenian in a green leather caftan peered through the wicket
Yeşil deri kaftan giymiş bir Ermeni küçük kapıdan baktı
and when he saw them he opened the door
Onları görünce kapıyı açtı
he spread a carpet on the ground and the woman stepped out
Yere bir halı serdi ve kadın dışarı çıktı
As she went in she turned round and smiled at me again
İçeri girerken arkasını döndü ve bana tekrar gülümsedi
I had never seen anyone so pale
Hiç bu kadar solgun birini görmemiştim
When the moon rose I returned to the same place
Ay doğduğunda aynı yere döndüm
and I sought for the house, but it was no longer there
ve evi aradım, ama artık orada değildi
When I saw that I knew who the woman was

Bunu görünce kadının kim olduğunu biliyordum
and I knew why she had smiled at me
ve bana neden gülümsediğini biliyordum
Certainly, thou should'st have been with me
Kesinlikle, benimle birlikte olmalıydın

There was a feast of the New Moon
Yeni Ay şöleni vardı
the young Emperor came forth from his palace
genç imparator sarayından çıktı
and he went into the mosque to pray
Sonra namaz kılmak için mescide gitti
His hair and beard were dyed with rose-leaves
Saçı ve sakalı gül yapraklarıyla boyanmıştı
and his cheeks were powdered with a fine gold dust
ve yanakları ince bir altın tozuyla pudralanmıştı
The palms of his feet and hands were yellow with saffron
Ayaklarının ve ellerinin avuç içleri safranla sarıydı
At sunrise he went forth from his palace
Güneş doğarken sarayından çıktı
he was dressed in a robe of silver
Gümüş bir kaftan giymişti
and at sunset he returned again
Ve gün batımında tekrar geri döndü
then he was dressed in a robe of gold
Sonra altın bir kaftan giydi
The people flung themselves on the ground
İnsanlar kendilerini yere attılar
they hid their faces, but I would not do so
yüzlerini sakladılar ama ben bunu yapmazdım
I stood by the stall of a seller of dates and waited
Bir hurma satıcısının tezgâhının yanında durdum ve bekledim
When the Emperor saw me he raised his painted eyebrows
İmparator beni görünce boyalı kaşlarını kaldırdı
and he stopped to observe me
Ve beni gözlemlemek için durdu

I stood quite still and made him no obeisance
Oldukça hareketsiz durdum ve ona saygı göstermedim
The people marvelled at my boldness
İnsanlar cesaretime hayret ettiler
they counselled me to flee from the city
Şehirden kaçmamı tavsiye ettiler
but I paid no heed to their warnings
ama uyarılarına kulak asmadım
instead, I went and sat with the sellers of strange gods
bunun yerine gittim ve garip tanrıların satıcılarıyla oturdum
by reason of their craft they are abominated
Zanaatları nedeniyle iğrençtirler
When I told them what I had done each of them gave me an idol
Onlara ne yaptığımı anlattığımda, her biri bana bir idol verdi
and they prayed me to leave them
ve onları bırakmam için bana dua ettiler

That night I was in the Street of Pomegranates
O gece Nar Sokağı'ndaydım
I was in a tea-house and I laid on a cushion
Bir çay evindeydim ve bir mindere uzandım
the guards of the Emperor entered and led me to the palace
İmparatorun muhafızları içeri girdi ve beni saraya götürdü
As I went in they closed each door behind me
İçeri girdiğimde arkamdaki tüm kapıları kapattılar
and they put a chain across each door
Ve her kapıya bir zincir taktılar
Inside the palace there was a great courtyard
Sarayın içinde büyük bir avlu vardı
The walls of the courtyard were of white alabaster
Avlunun duvarları beyaz kaymaktaşındandı
the alabaster was decorated with blue and green tiles
kaymaktaşı mavi ve yeşil çinilerle süslenmiştir
and the pillars were of green marble
ve sütunlar yeşil mermerdendi

and the pavement was of peach-blossom marble
ve kaldırım şeftali çiçeği mermerindendi
I had never seen anything like it before
Daha önce hiç böyle bir şey görmemiştim
As I passed the courtyard two veiled women were on a balcony
Avluyu geçerken balkonda iki peçeli kadın vardı
they looked down from their balcony and cursed me
Balkonlarından aşağı baktılar ve bana küfrettiler
The guards hastened on through the courtyard
Muhafızlar avluya doğru hızla ilerlediler
the butts of the lances rang upon the polished floor
Mızrakların dipçikleri cilalı zeminde çınladı
They opened a gate of wrought ivory
Fildişinden bir kapı açtılar
I found myself in a watered garden of seven terraces
Kendimi yedi teraslı sulandırılmış bir bahçede buldum
The garden was planted with tulip-cups and moon-flowers
Bahçeye lale fincanları ve ay çiçekleri dikildi
a fountain hung in the dusky air like a slim reed of crystal
Karanlık havada ince bir kristal kamış gibi asılı duran bir çeşme
The cypress-trees were like burnt-out torches
Selvi ağaçları yanmış meşaleler gibiydi
From one of the trees a nightingale was singing
Ağaçlardan birinden bir bülbül şarkı söylüyordu
At the end of the garden stood a little pavilion
Bahçenin sonunda küçük bir köşk vardı
while we approached the pavilion two eunuchs came out
Köşke yaklaşırken iki hadım çıktı
Their fat bodies swayed as they walked
Şişman vücutları yürürken sallanıyordu
and they glanced curiously at me
Ve merakla bana baktılar
One of them drew aside the captain of the guard
İçlerinden biri muhafız kaptanını kenara çekti

and in a low voice the eunuch whispered to him
Ve harem ağası alçak sesle ona fısıldadı
The other kept munching scented pastilles
Diğeri kokulu pastilleri yemeye devam etti
these he took out of an oval box of lilac enamel
Bunları oval bir leylak emaye kutusundan çıkardı
soon after the captain of the guard dismissed the soldiers
Kısa bir süre sonra muhafız kaptanı askerleri görevden aldı
The soldiers went back to the palace
Askerler saraya geri döndü
the eunuchs followed behind the guards, but slowly
Hadımlar muhafızların arkasından takip etti, ama yavaş yavaş
and they plucked the sweet mulberries from the trees
Ağaçlardan tatlı dutlar kopardılar
at one time the older eunuch turned round
Bir keresinde yaşlı hadım arkasını döndü
and he smiled at me with an evil smile
Ve bana şeytani bir gülümsemeyle gülümsedi
Then the captain of the guards motioned me forwards
Sonra muhafız komutanı beni öne doğru işaret etti
I walked to the entrance without trembling
Titremeden girişe doğru yürüdüm
I drew the heavy curtain aside, and entered
Ağır perdeyi bir kenara çektim ve içeri girdim
The young Emperor was stretched on a couch
Genç imparator bir kanepeye uzanmıştı
the couch was covered in dyed lion skins
Kanepe boyalı aslan derileriyle kaplıydı
and a falcon was perched upon his wrist
ve bileğine bir şahin tünemişti
Behind him stood a brass-turbaned Nubian
Arkasında pirinç sarıklı bir Nubian duruyordu
he was naked down to the waist
beline kadar çıplaktı
he had heavy earrings in his split ears
Yarık kulaklarında ağır küpeler vardı

On a table by the side lay a mighty scimitar of steel
Yan taraftaki bir masanın üzerinde çelikten güçlü bir pala yatıyordu
When the Emperor saw me he frowned
İmparator beni görünce kaşlarını çattı
he asked me, "What is thy name?"
Bana, "Adın ne?" diye sordu.
"Knowest thou not that I am Emperor of this city?"
"Benim bu kentin imparatoru olduğumu bilmiyor musun?"
But I made him no answer to his question
Ama sorusuna cevap vermedim
He pointed with his finger at the scimitar
Parmağıyla palayı işaret etti
the Nubian seized the scimitar, ready to fight
Nubyalı, savaşmaya hazır palayı ele geçirdi
rushing forward he struck at me with great violence
Hızla ilerlerken bana büyük bir şiddetle saldırdı
The blade whizzed through me and did me no hurt
Bıçak vızıldayarak içime girdi ve bana hiç zarar vermedi
The man fell sprawling on the floor
Adam yere düştü
when he rose up his teeth chattered with terror
Ayağa kalktığında dişleri dehşetle gıcırdadı
and he hid behind the couch
Ve kanepenin arkasına saklandı
The Emperor leapt to his feet
İmparator ayağa fırladı
he took a lance from a stand and threw it at me
Bir standdan bir mızrak aldı ve bana fırlattı
I caught it in its flight
Onu uçarken yakaladım
I broke the shaft into two pieces
Şaftı iki parçaya böldüm
then he shot at me with an arrow
Sonra bana bir okla ateş etti
but I held up my hands as it came to me

ama bana geldiği gibi ellerimi kaldırdım
and I stopped the arrow in mid-air
ve oku havada durdurdum
Then he drew a dagger from a belt of white leather
Sonra beyaz deriden bir kemerden bir hançer çekti
and he stabbed the Nubian in the throat
ve Nubyalı'yı boğazından bıçakladı
so that the the slave would not tell of his dishonour
Köle onursuzluğunu söylemesin diye
The man writhed like a trampled snake
Adam ezilmiş bir yılan gibi kıvrandı
and a red foam bubbled from his lips
ve dudaklarından kırmızı bir köpük fışkırdı
As soon as he was dead the Emperor turned to me
Ölür ölmez İmparator bana döndü
he took out a little napkin of purple silk
Mor ipekten küçük bir peçete çıkardı
and he had wiped away the bright sweat from his brow
ve alnındaki parlak teri silmişti
he said to me, "Art thou a prophet?"
Bana, "Sen peygamber misin?" dedi.
"is it that I may not harm thee?"
"Sana zarar vermeyeyim diye mi?"
"or are you the son of a prophet?"
"Yoksa sen bir peygamberin oğlu musun?"
"and is it that can I do thee no hurt?"
"Sana zarar vereyim, bu mu?"
"I pray thee leave my city tonight"
"Bu gece şehrimi terk etmen için dua ediyorum"
"while thou art in my city I am no longer its lord"
"Sen benim şehrimdeyken ben artık onun efendisi değilim"
And this time I answered his question
Ve bu sefer sorusunu cevapladım
"I will leave they city, for half of thy treasure"
"Hazinenin yarısı için onları terk edeceğim"
"Give me half of thy treasure and I will go away"

"Hazinenin yarısını bana ver, ben gideyim"
"He took me by the hand and led me into the garden"
"Elimden tutup bahçeye götürdü"
"When the captain of the guard saw me he wondered"
"Muhafız yüzbaşısı beni görünce merak etti"
"When the eunuchs saw me their knees shook"
"Hadımlar beni görünce dizleri titredi"
"and they fell upon the ground in fear"
"Ve korkudan yere düştüler"

There is a special chamber in the palace
Sarayda özel bir oda var
the chamber has eight walls of red porphyry
Odanın sekiz duvarı kırmızı porfirden yapılmıştır
and it has a brass-scaled ceiling hung with lamps
ve lambalarla asılı pirinç pullu bir tavana sahiptir
The Emperor touched one of the walls and it opened
İmparator duvarlardan birine dokundu ve duvarlar açıldı
we passed down a corridor that was lit with many torches
Birçok meşaleyle aydınlatılmış bir koridordan geçtik
In niches upon each side stood great wine-jars
Her iki taraftaki nişlerde büyük şarap küpleri duruyordu
the wine-jars were filled to the brim with silver pieces
Şarap küpleri ağzına kadar gümüş parçalarla doluydu
soon we reached the centre of the corridor
Kısa süre sonra koridorun ortasına ulaştık
the Emperor spoke the word that may not be spoken
İmparator söylenemeyecek sözü söyledi
a granite door swung back on a secret spring
Granit bir kapı gizli bir yay üzerinde geri döndü
and he put his hands before his face
Ve ellerini yüzünün önüne koydu
so that he would not be dazzled
gözleri kamaşmasın diye
Thou would not have believed how marvellous a place it was

Ne kadar muhteşem bir yer olduğuna inanamazdın
There were huge tortoise-shells full of pearls
İncilerle dolu kocaman kaplumbağa kabukları vardı
and there were hollowed moonstones of great size
ve büyük büyüklükte oyulmuş ay taşları vardı
the moonstones were piled up with red rubies
Ay taşları kırmızı yakutlarla yığıldı
The gold was stored in coffers of elephant-hide
Altın, fil derisi kasalarında saklandı
and there was gold-dust in leather bottles
Ve deri şişelerde altın tozu vardı
There were more opals and sapphires than I could count
Sayamayacağım kadar çok opal ve safir vardı
the many opals were kept in cups of crystal
Birçok opal kristal kaplarda tutuldu
and the sapphires were kept in cups of jade
ve safirler yeşim kaplarında tutuldu
Round green emeralds were arranged in order
Yuvarlak yeşil zümrütler sırayla düzenlenmiştir
they were laid out upon thin plates of ivory
İnce fildişi levhalar üzerine yerleştirildiler
in one corner were silk bags full of turquoise-stones
Bir köşede turkuaz taşlarla dolu ipek torbalar vardı
and others bags were filled with beryls
ve diğer çantalar berillerle doluydu
The ivory horns were heaped with purple amethysts
Fildişi boynuzları mor ametistlerle yığıldı
and the horns of brass were heaped with chalcedony and sard stones
ve pirinç boynuzları kalsedon ve sard taşlarıyla yığıldı
The pillars holding the ceiling were made of cedar
Tavanı tutan sütunlar sedirden yapılmıştır
they were hung with strings of yellow lynx-stones
Sarı vaşak taşlarından iplerle asıldılar
In the flat oval shields there were carbuncles
Düz oval kalkanlarda karbonküller vardı

they were wine-coloured, and coloured like grass
Şarap rengindeydiler ve çimen gibi renkliydiler
And yet I have told thee but a fraction of what was there
Ve yine de sana orada olanın sadece bir kısmını anlattım

The Emperor took away his hands from his face
İmparator ellerini yüzünden çekti
he said to me, "this is my house of treasure"
Bana, "Burası benim hazine evim" dedi.
half of what is in this house is thine
Bu evdekilerin yarısı senindir
this is as I promised to thee
bu sana söz verdiğim gibi
And I will give thee camels and camel drivers
Sana develer ve develer vereceğim
and the camel drivers shall do thy bidding
Deveciler senin emrini yerine getirecekler
please, take thy share of the treasure
Lütfen, hazineden payını al
take it to whatever part of the world thou desirest
Onu dünyanın neresine istersen oraya götür
But the thing shall be done tonight
Ama bu gece yapılacak
because, as you know, the sun is my father
Çünkü bildiğiniz gibi güneş benim babamdır
he must not see a man in the city that I cannot slay
Şehirde öldüremeyeceğim bir adam görmemeli
But I answered him, "The gold that is here is thine"
Ama ben ona, "Buradaki altın senin" diye cevap verdim
"and the silver that is here also is thine"
"Ve burada olan gümüş de senin"
"and thine are the precious jewels and opals"
"Değerli mücevherler ve opaller de senin"
"As for me, I have no need of these treasures"
"Bana gelince, bu hazinelere ihtiyacım yok"
"I shall not take anything from thee"

"Senden hiçbir şey almayacağım"
"but I will take the little ring that thou wearest"
"Ama taktığın küçük yüzüğü alacağım"
"it is on the finger of thy hand"
"Elinin parmağında"
when I said this the Emperor frowned
Bunu söylediğimde İmparator kaşlarını çattı
"It is but a ring of lead," he cried
"Bu sadece bir kurşun halka," diye bağırdı
"a simple ring has no value for you"
"Basit bir yüzüğün sizin için hiçbir değeri yok"
"take thy half of the treasure and go from my city"
"Hazinenin yarısını al ve şehrimden git"
"Nay" I answered, "it is what I want"
"Hayır" dedim, "istediğim bu"
"I will take nought but that lead ring"
"O kurşun yüzükten başka bir şey almayacağım"
"for I know what is written within it"
"Çünkü içinde ne yazdığını biliyorum"
"and I know for what purpose it is"
"ve bunun ne amaçla olduğunu biliyorum"
And the Emperor trembled in fear
Ve İmparator korkudan titredi
he besought me and said, "Take all the treasure"
Bana yalvardı ve "Bütün hazineyi al" dedi
"take all the treasure and go from my city"
"Tüm hazineyi al ve şehrimden git"
"The half that is mine shall be thine also"
"Benim olanın yarısı da senin olacak"

And I did a strange thing
Ve garip bir şey yaptım
but what I did matters not
ama ne yaptığım önemli değil
because there is a cave that is but a day's journey from here
Çünkü buradan sadece bir günlük yolculuk mesafesinde bir

mağara var
in that cave I have hidden the Ring of Riches
O mağarada Zenginlik Yüzüğü'nü sakladım
in this cave the ring of riches waits for thy coming
Bu mağarada zenginlik yüzüğü senin gelişini bekliyor
He who has this Ring is richer than all the kings of the world
Bu yüzüğe sahip olan, dünyanın tüm krallarından daha zengindir
Come and take it, and the world's riches shall be thine
Gel ve al ve dünyanın zenginlikleri senin olacak
But the young Fisherman laughed, "love is better than riches"
Ama genç Balıkçı güldü, "aşk zenginlikten daha iyidir"
"and the little Mermaid loves me," he added
"ve küçük Deniz Kızı beni seviyor," diye ekledi
"Nay, but there is nothing better than riches," said the Soul
"Hayır, ama zenginlikten daha iyi bir şey yoktur," dedi Ruh
"Love is better," answered the young Fisherman
"Aşk daha güzeldir," diye cevap verdi genç balıkçı
and he plunged back into the deep waters
Ve derin sulara geri daldı
and the Soul went weeping away over the marshes
ve Ruh bataklıklarda ağlayarak uzaklaştı

After the Third Year
Üçüncü Yıldan Sonra

it had been three year since he cast his soul away
Ruhunu bir kenara attığından bu yana üç yıl geçmişti
the Soul came back to the shore of the sea
Ruh denizin kıyısına geri döndü
and the Soul called to the young Fisherman
ve Ruh genç Balıkçı'ya seslendi
the young Fisherman rose back out of the sea
genç Balıkçı denizden geri döndü
he asked his soul, "Why dost thou call me?"
Ruhuna, "Beni neden çağırıyorsun?" diye sordu.
And the Soul answered, "Come nearer"
Ve Ruh cevap verdi: "Yaklaş"
"come nearer, so that I may speak with thee"
"Yaklaş da seninle konuşayım"
"I have seen marvellous things"
"Muhteşem şeyler gördüm"
So the young Fisherman came nearer to his soul
Böylece genç Balıkçı ruhuna daha da yaklaştı
and he couched in the shallow water
Ve sığ suda uzandı
and he leaned his head upon his hand
ve başını eline yasladı
and he listened to his Soul
ve Ruhunu dinledi
and his Soul spoke to him
ve Ruhu onunla konuştu

In a city that I know of there is an inn
Bildiğim bir şehirde bir han var
the inn that I speak of stands by a river
Bahsettiğim han bir nehrin kenarında duruyor
in this inn I sat and drunk with sailors
bu handa denizcilerle oturup sarhoş oldum
sailors who drank two different coloured wines

İki farklı renkte şarap içen denizciler
and they ate bread made of barley
ve arpadan yapılmış ekmek yediler
and I ate salty little fish with them
ve onlarla tuzlu küçük balıklar yedim
little fish that were served in bay leaves with vinegar
Defne yaprağında sirke ile servis edilen küçük balıklar
while we sat and made merry an old man entered
Oturup neşelenirken yaşlı bir adam içeri girdi
he had a leather carpet with him
Yanında deri halı vardı
and he had a lute that had two horns of amber
ve kehribardan iki boynuzu olan bir lavtası vardı
he laid out the carpet on the floor
Halıyı yere serdi
and he struck on the strings of his lute
ve lavtasının tellerine vurdu
and a girl ran in and began to dance in front of us
Ve bir kız koştu ve önümüzde dans etmeye başladı
Her face was veiled with a veil of gauze
Yüzü gazlı bezle örtülüydü
and she was wearing silk, but her feet were naked
ve ipek giyiyordu ama ayakları çıplaktı
and her feet moved over the carpet like little white pigeons
ve ayakları halının üzerinde küçük beyaz güvercinler gibi hareket etti
Never have I seen anything so marvellous
Hiç bu kadar harika bir şey görmemiştim
the city where she dances is but a day's journey from here
Dans ettiği şehir buradan sadece bir günlük yolculuk mesafesinde
the young Fisherman heard the words of his Soul
genç Balıkçı Ruhunun sözlerini duydu
he remembered that the little Mermaid had no feet
küçük Deniz Kızı'nın ayakları olmadığını hatırladı
and he remembered she was unable to dance

Ve onun dans edemediğini hatırladı
a great desire came over him to see the girl
Kızı görmek için büyük bir arzu geldi
he said to himself, "It is but a day's journey"
kendi kendine, "Bu sadece bir günlük yolculuk" dedi
"and then I can return to my love," he laughed
"ve sonra aşkıma dönebilirim," diye güldü
he stood up in the shallow water
Sığ suda ayağa kalktı
and he strode towards the shore
Ve kıyıya doğru yürüdü
when he had reached the dry shore he laughed again
Kuru kıyıya ulaştığında tekrar güldü
and he held out his arms to his Soul
ve kollarını Ruhuna uzattı
his Soul gave a great cry of joy
Ruhu büyük bir sevinç çığlığı attı
his Soul ran to meet his body
Ruhu bedeniyle buluşmak için koştu
and his Soul entered into back him again
ve Ruhu tekrar onun içine girdi
the young Fisherman became one with his shadow once more
genç Balıkçı bir kez daha gölgesiyle bütünleşti
the shadow of the body that is the body of the Soul
Ruhun bedeni olan bedenin gölgesi
And his Soul said to him, "Let us not tarry"
Ve Ruhu ona, "Oyalanmayalım" dedi
"but let us get going at once"
"Ama bir an önce gidelim"
"because the Sea-gods are jealous"
"Çünkü Deniz Tanrıları kıskançtır"
"and they have monsters that do their bidding"
"Ve emirlerini yerine getiren canavarları var"
So they made haste to get to the city
Bu yüzden şehre ulaşmak için acele ettiler

Sin
Günah

all that night they journeyed beneath the moon
Bütün gece ayın altında yolculuk ettiler
and all the next day they journeyed beneath the sun
Ve ertesi gün güneşin altında yolculuk ettiler
on the evening of the day they came to a city
Günün akşamı bir şehre geldiler
the young Fisherman asked his Soul
genç Balıkçı Ruhuna sordu
"Is this the city in which she dances?"
"Dans ettiği şehir burası mı?"
And his Soul answered him
Ve Ruhu ona cevap verdi
"It is not this city, but another"
"Bu şehir değil, başka bir şehir"
"Nevertheless, let us enter this city"
"Yine de bu şehre girelim"
So they entered the city and passed through the streets
Böylece şehre girdiler ve sokaklardan geçtiler
they passed through the street of jewellers
Kuyumcular sokağından geçtiler
passing through the street, the young Fisherman saw a silver cup
Sokaktan geçen genç Balıkçı gümüş bir fincan gördü
his Soul said to him, "Take that silver cup"
Ruhu ona, "O gümüş kâseyi al" dedi
and his Soul told him to hide the silver cup
ve Ruhu ona gümüş kupayı saklamasını söyledi
So he took the silver cup and hid it
Bu yüzden gümüş kupayı aldı ve sakladı
and they went hurriedly out of the city
Ve aceleyle şehir dışına çıktılar
the young Fisherman frowned and flung the cup away
genç Balıkçı kaşlarını çattı ve bardağı fırlattı

"Why did'st thou tell me to take this cup?"
"Neden bana bu bardağı almamı söyledin?"
"it was an evil thing to do"
"Yapılması kötü bir şeydi"
But his Soul just told him to be at peace
Ama Ruhu ona sadece huzur içinde olmasını söyledi

on the evening of the second day they came to a city
İkinci günün akşamı bir şehre geldiler
the young Fisherman asked his Soul
genç Balıkçı Ruhuna sordu
"Is this the city in which she dances?"
"Dans ettiği şehir burası mı?"
And his Soul answered him
Ve Ruhu ona cevap verdi
"It is not this city, but another"
"Bu şehir değil, başka bir şehir"
"Nevertheless, let us enter this city"
"Yine de bu şehre girelim"
So they entered in and passed through the streets
Böylece içeri girdiler ve sokaklardan geçtiler
they passed through the street of sandal sellers
Sandalet satıcılarının sokağından geçtiler
passing through the street, the young Fisherman saw a child
Sokaktan geçen genç Balıkçı bir çocuk gördü
the child was standing by a jar of water
Çocuk bir kavanoz suyun yanında duruyordu
his Soul told him to smite the child
Ruhu ona çocuğu vurmasını söyledi
So he smote the child till it wept
Bu yüzden çocuğu ağlayana kadar dövdü
after he had done this they went hurriedly out of the city
Bunu yaptıktan sonra aceleyle şehir dışına çıktılar
the young Fisherman grew angry with his soul
genç Balıkçı ruhuna kızdı
"Why did'st thou tell me to smite the child?"

"Neden bana çocuğu vurmamı söyledin?"
"it was an evil thing to do"
"Yapılması kötü bir şeydi"
But his Soul just told him to be at peace
Ama Ruhu ona sadece huzur içinde olmasını söyledi

And on the evening of the third day they came to a city
Ve üçüncü günün akşamı bir şehre geldiler
the young Fisherman asked his Soul
genç Balıkçı Ruhuna sordu
"Is this the city in which she dances?"
"Dans ettiği şehir burası mı?"
And his Soul answered him
Ve Ruhu ona cevap verdi
"It may be that it is this city, so let us enter"
"Bu şehir olabilir, o yüzden girelim"
So they entered the city and passed through the streets
Böylece şehre girdiler ve sokaklardan geçtiler
but nowhere could the young Fisherman find the river
ama genç Balıkçı nehri hiçbir yerde bulamadı
and he couldn't find the inn either
Ve hanı da bulamadı
And the people of the city looked curiously at him
Ve şehir halkı merakla ona baktı
and he grew afraid and asked his Soul to leave
ve korktu ve Ruhundan gitmesini istedi
"she who dances with white feet is not here"
"Beyaz ayaklarıyla dans eden burada değil"
But his Soul answered "Nay, but let us rest"
Ama Ruhu "Hayır, ama dinlenelim" diye cevap verdi
"because the night is dark"
"Çünkü gece karanlık"
"and there will be robbers on the way"
"Ve yolda soyguncular olacak"
So he sat himself down in the market-place and rested
Bu yüzden pazar yerine oturdu ve dinlendi

after a time a hooded merchant walked past him
Bir süre sonra kukuletalı bir tüccar yanından geçti
he had a cloak of cloth of Tartary
Tataristan'dan bir pelerini vardı
and he carried a lantern of pierced horn
ve delinmiş boynuzlu bir fener taşıyordu
the merchant asked the young Fisherman
tüccar genç balıkçıya sordu
"Why dost thou sit in the market-place?"
"Neden pazar yerinde oturuyorsun?"
"the booths are closed and the bales corded"
"Kabinler kapalı, balyalar bağlı"
And the young Fisherman answered him
Ve genç Balıkçı ona cevap verdi
"I can find no inn in this city"
"Bu şehirde han bulamıyorum"
"I have no kinsman who might give me shelter"
"Bana barınacak bir akrabam yok"
"Are we not all kinsmen?" said the merchant
"Hepimiz akraba değil miyiz?" dedi tüccar
"And did not one God make us?"
"Ve bizi tek bir Tanrı yaratmadı mı?"
"come with me, for I have a guest-chamber"
"Benimle gel, çünkü benim bir misafir odam var"
So the young Fisherman rose up and followed the merchant
Bunun üzerine genç balıkçı ayağa kalktı ve tüccarın peşinden gitti
they passed through a garden of pomegranates
Bir nar bahçesinden geçtiler
and they entered into the house of the merchant
Tüccarın evine girdiler
the merchant brought him rose-water in a copper dish
Tüccar ona bakır bir tabakta gül suyu getirdi
so that he could wash his hands
ellerini yıkayabilsin diye
and he brought him ripe melons

Ve ona olgun kavunlar getirdi
so that he could quench his thirst
böylece susuzluğunu giderebilirdi
and he gave him a bowl of rice
Ve ona bir kase pirinç verdi
in the bowl of rice was roasted lamb
Pirinç kasesinde kavrulmuş kuzu vardı
so that he could satisfy his hunger
açlığını giderebilsin diye
the young Fischerman finished his meal
genç Fischerman yemeğini bitirdi
and he thanked the merchant for all his generousity
Ve tüccara tüm cömertliği için teşekkür etti
then the merchant led him to the guest-chamber
Sonra tüccar onu misafir odasına götürdü
and the merchant let him sleep in his chamber
Ve tüccar onun odasında uyumasına izin verdi
the young Fisherman gave him thanks again
genç Balıkçı ona tekrar teşekkür etti
and he kissed the ring that was on his hand
Ve elindeki yüzüğü öptü
he flung himself down on the carpets of dyed goat's-hair
Kendini boyalı keçi kılı halıların üzerine attı
And when pulled the blanket over himself he fell asleep
Ve battaniyeyi kendi üzerine çektiğinde uykuya daldı

it was three hours before dawn
Şafaktan üç saat önceydi
while it was still night his Soul woke him
Hala geceyken Ruhu onu uyandırdı
his Soul told him to rise
Ruhu ona yükselmesini söyledi
"Rise up and go to the room of the merchant"
"Kalk ve tüccarın odasına git"
"go to the room in which he sleeps"
"Uyuduğu odaya git"

"slay him in his sleep"
"Onu uykusunda öldürün"
"take his gold from him"
"Altınlarını ondan al"
"because we have need of it"
"Çünkü buna ihtiyacımız var"
And the young Fisherman rose up
Ve genç Balıkçı ayağa kalktı
and he crept towards the room of the merchant
Tüccarın odasına doğru süründü
there was a curved sword at the feet of the merchant
Tüccarın ayaklarının dibinde eğri bir kılıç vardı
and there was a tray by the side of the merchant
Tüccarın yanında bir tepsi vardı
the tray held nine purses of gold
Tepside dokuz kese altın vardı
And he reached out his hand and touched the sword
Ve elini uzattı ve kılıca dokundu
and when he touched the sword the merchant woke up
Ve kılıca dokunduğunda tüccar uyandı
he leapt up and seized the sword
Sıçradı ve kılıcı ele geçirdi
"Dost thou return evil for good?"
"Kötülüğe iyilikle karşılık mı vereceksin?"
"do you pay with the shedding of blood?"
"Kan dökerek mi ödüyorsun?"
"in return for the kindness that I have shown thee"
"Sana gösterdiğim iyiliğin karşılığında"
And his Soul said to the young Fisherman, "Strike him"
Ve ruhu genç balıkçıya, "Vur onu" dedi
and he struck him so that he swooned
Ve ona öyle vurdu ki bayıldı
he seized the nine purses of gold
Dokuz kese altını ele geçirdi
and he fled hastily through the garden of pomegranates
Ve nar bahçesinden aceleyle kaçtı

and he set his face to the star of morning
Ve yüzünü sabahın yıldızına çevirdi
they escaped the city without being noticed
Fark edilmeden şehirden kaçtılar
the young Fisherman beat his breast
genç Balıkçı göğsünü dövdü
"Why didst thou bid me to slay the merchant?"
"Neden tüccarı öldürmemi istedin?"
"why did you make me take his gold?"
"Neden bana altınını aldırdın?"
"Surely thou art evil"
"Muhakkak ki sen kötüsün"
But his Soul told him to be at peace
Ama Ruhu ona huzur içinde olmasını söyledi
"No!" cried the young Fisherman
"Hayır!" diye bağırdı genç balıkçı
"I can not be at peace with this"
"Bununla barışık olamam"
"all that thou hast made me do I hate"
"Bana yaptığın her şeyden nefret ediyorum"
"and what else I hate is you"
"ve senden nefret ettiğim başka bir şey var"
"why have you brought me here to do these things?"
"Beni neden bunları yapmam için buraya getirdin?"
And his Soul answered him
Ve Ruhu ona cevap verdi
"When you sent me into the world you gave me no heart"
"Beni dünyaya gönderdiğinde bana hiç kalp vermedin"
"so I learned to do all these things"
"bu yüzden tüm bunları yapmayı öğrendim"
"and I learned to love these things"
"ve bu şeyleri sevmeyi öğrendim"
"What sayest thou?" murmured the young Fisherman
"Ne diyorsun?" diye mırıldandı genç balıkçı
"Thou knowest," answered his Soul
"Sen bilirsin," diye cevap verdi Ruhu

"Have you forgotten that you gave me no heart?"
"Bana hiç kalp vermediğini unuttun mu?"
"don't trouble yourself for me, but be at peace"
"Benim için kendini rahatsız etme, huzur içinde ol"
"because there is no pain you shouldn't give away"
"Çünkü acı yok, vermemelisiniz"
"and there is no pleasure that you should not receive"
"Ve almamanız gereken hiçbir zevk yoktur"
when the young Fisherman heard these words he trembled
Genç Balıkçı bu sözleri duyunca titredi
"Nay, but thou art evil"
"Hayır, ama sen kötüsün"
"you have made me forget my love"
"Bana aşkımı unutturdun"
"you have tempted me with temptations"
"Beni ayartmalarla baştan çıkardın"
"and you have set my feet in the ways of sin"
"Ve sen benim ayaklarımı günah yollarına soktun"
And his Soul answered him
Ve Ruhu ona cevap verdi
"you have not forgotten?"
"Unutmadın mı?"
"you sent me into the world with no heart"
"Beni dünyaya kalpsiz gönderdin"
"Come, let us go to another city"
"Gel, başka bir şehre gidelim"
"let us make merry with the gold we have"
"Elimizdeki altınlarla şenlenelim"
But the young Fisherman took the nine purses of gold
Ama genç Balıkçı dokuz kese altını aldı
he flung the purses of gold into the sand
Altın keseleri kuma fırlattı
and he trampled on the on the purses of gold
ve altın keseleri ayaklar altına aldı
"Nay!" he cried to his Soul
"Hayır!" diye haykırdı ruhuna

"I will have nought to do with thee"
"Seninle hiçbir işim olmayacak"
"I will not journey with thee anywhere"
"Seninle hiçbir yere yolculuk etmeyeceğim"
"I have sent thee away before"
"Seni daha önce göndermiştim"
"and I will send thee away again"
"Ve seni tekrar göndereceğim"
"because thou hast brought me no good"
"Çünkü bana hiçbir iyilik getirmedin"
And he turned his back to the moon
Ve aya sırtını döndü
he held the little green knife in his hand
Küçük yeşil bıçağı elinde tutuyordu
he strove to cut from his feet the shadow of the body
Vücudunun gölgesini ayaklarından kesmeye çalıştı
the shadow of the body, which is the body of the Soul
Ruhun bedeni olan bedenin gölgesi
Yet his Soul stirred not from him
Yine de Ruhu ondan kıpırdamadı
and it paid no heed to his command
ve onun emrine aldırış etmedi
"The spell the Witch told thee avails no more"
"Cadının sana söylediği büyü artık işe yaramıyor"
"I may not leave thee anymore"
"Seni daha fazla terk etmeyebilirim"
"and thou can't drive me forth"
"Ve sen beni kovamazsın"
"Once in his life may a man send his Soul away"
"Bir insan hayatında bir kez ruhunu göndersin"
"but he who receives back his Soul must keep it for ever"
"ama Ruhunu geri alan, onu sonsuza kadar saklamalıdır"
"this is his punishment and his reward"
"Bu onun cezası ve ödülüdür"
the young Fisherman grew pale at his fate
genç Balıkçı kaderi karşısında sarardı

and he clenched his hands and cried
Ellerini kenetleyip ağladı
"She was a false Witch for not telling me"
"Bana söylemediği için sahte bir cadıydı"
"Nay," answered his Soul, "she was not a false Witch"
"Hayır," diye cevap verdi Ruhu, "o sahte bir cadı değildi."
"but she was true to Him she worships"
"ama O'na sadıktı, ibadet ediyor"
"and she will be his servant forever"
"Ve sonsuza dek onun hizmetkarı olacak"
the young Fisherman knew he could not get rid of his Soul again
genç Balıkçı, Ruhundan bir daha kurtulamayacağını biliyordu
he knew now that his soul was an evil Soul
artık ruhunun kötü bir Ruh olduğunu biliyordu
and his Soul would abide with him always
ve Ruhu her zaman onunla kalacaktı
when he knew this he fell upon the ground and wept
Bunu öğrenince yere düştü ve ağladı

The Heart
Kalp

when it was day the young Fisherman rose up
Gün olunca genç Balıkçı ayağa kalktı
he told his Soul, "I will bind my hands"
Ruhuna "Ellerimi bağlayacağım" dedi
"that way I can not do thy bidding"
"Bu şekilde senin emrini yerine getiremem"
"and I will close my lips"
"ve dudaklarımı kapatacağım"
"that way I can not speak thy words"
"Bu şekilde senin sözlerini söyleyemem"
"and I will return to the place where my love lives"
"ve aşkımın yaşadığı yere döneceğim"
"to the sea will I return"
"denize döneceğim"
"I will return to where she sung to me"
"Bana şarkı söylediği yere geri döneceğim"
"and I will call to her"
"ve ona sesleneceğim"
"I will tell her the evil I have done"
"Ona yaptığım kötülüğü söyleyeceğim"
"and I will tell her the evil thou hast wrought on me"
"Bana yaptığın kötülüğü ona anlatacağım"
his Soul tempted him, "Who is thy love?"
Ruhu onu baştan çıkardı, "Senin aşkın kim?"
"why should thou return to her?"
"Neden ona dönesin ki?"
"The world has many fairer than she is"
"Dünyada ondan çok daha adil insanlar var"
"There are the dancing-girls of Samaris"
"Samiriye'nin dans eden kızları var"
"they dance the way birds dance"
"Kuşların dans ettiği gibi dans ediyorlar"
"and they dance the way beasts dance"

"Ve hayvanların dans ettiği gibi dans ediyorlar"
"Their feet are painted with henna"
"Ayakları kına ile boyanmış"
"in their hands they have little copper bells"
"Ellerinde küçük bakır çanlar var"
"They laugh while they dance"
"Dans ederken gülüyorlar"
"their laughter is as clear as the laughter of water"
"Kahkahaları suyun kahkahası kadar berrak"
"Come with me and I will show them to thee"
"Benimle gel, onları sana göstereyim"
"because why trouble yourself with things of sin?"
"Çünkü neden günah işleriyle uğraşıyorsun?"
"Is that which is pleasant to eat not made to be eaten?"
"Yemesi hoş olan şey yenmek için yapılmamış mıdır?"
"Is there poison in that which is sweet to drink?"
"İçmesi tatlı olan şeyde zehir var mı?"
"Trouble not thyself, but come with me to another city"
"Kendini rahatsız etme, benimle başka bir şehre gel"
"There is a little city with a garden of tulip-trees"
"Lale ağaçlarıyla dolu bahçesi olan küçük bir şehir var"
"in its garden there are white peacocks"
"Bahçesinde beyaz tavus kuşları var"
"and there are peacocks that have blue breasts"
"Ve mavi göğüsleri olan tavus kuşları var"
"Their tails are like disks of ivory"
"Kuyrukları fildişi diskleri gibidir"
"when they spread their tails in the sun"
"Güneşte kuyruklarını açtıklarında"
"And she who feeds them dances for their pleasure"
"Ve onları besleyen kişi onların zevki için dans eder"
"and sometimes she dances on her hands"
"Ve bazen ellerinin üzerinde dans ediyor"
"and at other times she dances with her feet"
"Ve diğer zamanlarda ayaklarıyla dans ediyor"
"Her eyes are coloured with stibium"

"Gözleri stibium ile renklendirilmiş"
"her nostrils are shaped like the wings of a swallow"
"Burun delikleri kırlangıç kanatları şeklinde"
"and she laughs while she dances"
"Ve dans ederken gülüyor"
"and the silver rings on her ankles ring"
"Ve ayak bileklerindeki gümüş yüzükler yüzük"
"Don't trouble thyself any more"
"Kendini daha fazla rahatsız etme"
"come with me to this city"
"Benimle bu şehre gel"

But the young Fisherman did not answer his Soul
Ama genç Balıkçı Ruhuna cevap vermedi
he closed his lips with the seal of silence
Sessizlik mührüyle dudaklarını kapattı
and he bound his own hands with a tight cord
Ve kendi ellerini sıkı bir iple bağladı
and he journeyed back to from where he had come
Ve geldiği yere geri döndü
he journeyd back to the little bay
Küçük Körfez'e geri döndü
and he journeyed to where his love had sung for him
Ve aşkının onun için şarkı söylediği yere gitti
His Soul tried to tempt him along the way
Ruhu yol boyunca onu ayartmaya çalıştı
but he made his Soul no answer
ama Ruhunu cevap vermedi
and he did none of his Soul's wickedness
ve Ruhunun kötülüklerinden hiçbirini yapmadı
so great was the power of the love that was within him
İçindeki sevginin gücü o kadar büyüktü ki
when he reached the shore he loosened the cord
Kıyıya ulaştığında ipi gevşetti
and he took the seal of silence from his lips
Ve sessizlik mührünü dudaklarından aldı

he called out to the little Mermaid
küçük Deniz Kızı'na seslendi
But she did not answer his call for her
Ama onun için yaptığı çağrıya cevap vermedi
she did not answer, although he called all day
Bütün gün aramasına rağmen cevap vermedi
his Soul mocked the young Fisherman
Ruhu genç Balıkçı ile alay etti
"you have little joy out of thy love"
"Sevginden çok az neşe duyuyorsun"
"you are pouring water into a broken vessel"
"Kırık bir kaba su döküyorsunuz"
"you have given away what you had"
"Sahip olduklarınızı verdiniz"
"but nothing has been given to you in return"
"Ama karşılığında size hiçbir şey verilmedi"
"It would be better if you came with me"
"Benimle gelirsen daha iyi olur"
"because I know where the Valley of Pleasure lies"
"Çünkü Zevk Vadisi'nin nerede olduğunu biliyorum"
But the young Fisherman did not answer his Soul
Ama genç Balıkçı Ruhuna cevap vermedi

in a cleft of the rock he built himself a house
Kayanın bir yarığında kendine bir ev inşa etti
and he abode there for the space of a year
ve bir yıl boyunca orada kaldı
every morning he called to the Mermaid
her sabah Deniz Kızı'na seslendi
and every noon he called to her again
Ve her öğlen ona tekrar seslendi
and at night-time he spoke her name
Ve gece vakti onun adını söyledi
but she never rose out of the sea to meet him
ama onunla tanışmak için denizden hiç çıkmadı
and he could not find her anywhere in the sea

Ve onu denizde hiçbir yerde bulamadı
he sought for her in the caves
Onu mağaralarda aradı
he sought for her in the green water
Onu yeşil suda aradı
he sought for her in the pools of the tide
Gelgit havuzlarında onu aradı
and he sought for her in the wells
Ve onu kuyularda aradı
the wells that are at the bottom of the deep
Derinlerin dibindeki kuyular
his Soul didn't stop tempting him with evil
Ruhu onu kötülükle ayartmayı bırakmadı
and it whispered terrible things to him
Ve ona korkunç şeyler fısıldadı
but his Soul could not prevail against him
ama Ruhu ona karşı galip gelemedi
the power of his love was too great
Sevgisinin gücü çok büyüktü

after the year was over the Soul thought within itself
yıl bittikten sonra Ruh kendi içinde düşündü
"I have tempted my master with evil"
"Efendimi kötülükle ayarttım"
"but his love is stronger than I am"
"ama onun sevgisi benden daha güçlü"
"I will tempt him now with good"
"Onu şimdi iyilikle baştan çıkaracağım"
"it may be that he will come with me"
"Belki benimle gelir"
So he spoke to the young Fisherman
Bu yüzden genç Balıkçı ile konuştu
"I have told thee of the joy of the world"
"Sana dünyanın sevincini anlattım"
"and thou hast turned a deaf ear to me"
"Ve sen bana kulak tıkadın"

"allow me to tell thee of the world's pain"
"Sana dünyanın acısını anlatmama izin ver"
"and it may be that you will listen"
"Ve belki dinlersin"
"because pain is the Lord of this world"
"Çünkü acı bu dünyanın Rabbidir"
"and there is no one who escapes from its net"
"Ve ağından kaçan kimse yok"
"There be some who lack raiment"
"Kıyafetsiz olanlar var"
"and there are others who lack bread"
"Ekmek sıkıntısı çekenler de var"
"There are widows who sit in purple"
"Mor renkte oturan dullar var"
"and there are widows who sit in rags"
"Ve paçavralar içinde oturan dullar var"
"The beggars go up and down on the roads"
"Dilenciler yollarda bir aşağı bir yukarı gidiyor"
"and the pockets of the beggars are empty"
"Ve dilencilerin cepleri boş"
"Through the streets of the cities walks famine"
"Şehirlerin sokaklarında kıtlık yürüyor"
"and the plague sits at their gates"
"Ve veba kapılarında oturuyor"
"Come, let us go forth and mend these things"
"Gelin, gidelim ve bunları düzeltelim"
"let us make these things be different"
"Bunları farklı hale getirelim"
"why should you wait here calling to thy love?"
"Aşkına seslenmek için neden burada bekleyesin ki?"
"she will not come to your call"
"Aramanıza gelmeyecek"
"And what is love?"
"Peki aşk nedir?"
"And why do you value it so highly?"
"Peki neden bu kadar değer veriyorsun?"

But the young Fisherman didn't answer his Soul
Ama genç Balıkçı Ruhuna cevap vermedi
so great was the power of his love
Sevgisinin gücü o kadar büyüktü ki
And every morning he called to the Mermaid
Ve her sabah Deniz Kızı'na seslendi
and every noon he called to her again
Ve her öğlen ona tekrar seslendi
and at night-time he spoke her name
Ve gece vakti onun adını söyledi
Yet never did she rise out of the sea to meet him
Yine de onunla tanışmak için denizden hiç çıkmadı
nor in any place of the sea could he find her
Ne de denizin hiçbir yerinde onu bulamadı
though he sought for her in the rivers of the sea
Onu denizin nehirlerinde aramasına rağmen
and in the valleys that are under the waves
ve dalgaların altındaki vadilerde
in the sea that the night makes purple
Gecenin mor yaptığı denizde
and in the sea that the dawn leaves grey
Ve şafağın gri bıraktığı denizde

after the second year was over
ikinci yıl bittikten sonra
the Soul spoke to the young Fisherman at night-time
Ruh, gece vakti genç Balıkçı ile konuştu
while he sat in the wattled house alone
Sazlı evde tek başına otururken
"I have tempted thee with evil"
"Seni kötülükle ayarttım"
"and I have tempted thee with good"
"ve seni iyilikle ayarttım"
"and thy love is stronger than I am"
"ve senin sevgin benden daha güçlü"
"I will tempt thee no longer"

"Seni daha fazla ayartmayacağım"
"but please, allow me to enter thy heart"
"Ama lütfen, kalbine girmeme izin ver"
"so that I may be one with thee, as before"
"Eskisi gibi seninle bir olabilmem için"
"thou mayest enter," said the young Fisherman
"İçeri girebilirsin," dedi genç balıkçı
"because when you had no heart you must have suffered"
"Çünkü kalbin olmadığında acı çekmiş olmalısın"
"Alas!" cried his Soul
"Eyvah!" diye bağırdı Ruhu
"I can find no place of entrance"
"Giriş yeri bulamıyorum"
"so compassed about with love is this heart of thine"
"Senin bu yüreğin sevgiyle öylesine kuşatılmış"
"I wish that I could help thee," said the young Fisherman
"Keşke sana yardım edebilseydim," dedi genç balıkçı
while he spoke there came a great cry of mourning from the sea
O konuşurken denizden büyük bir yas çığlığı geldi
the cry that men hear when one of the Sea-folk is dead
Deniz halkından biri öldüğünde insanların duyduğu çığlık
the young Fisherman leapt up and left his house
genç Balıkçı sıçradı ve evini terk etti
and he ran down to the shore
Ve kıyıya koştu
the black waves came hurrying to the shore
Kara dalgalar aceleyle kıyıya geldi
the waves carried a burden that was whiter than silver
Dalgalar gümüşten daha beyaz bir yük taşıyordu
it was as white as the surf
Sörf kadar beyazdı
and it tossed on the waves like a flower
Ve bir çiçek gibi dalgaların üzerinde savruldu
And the surf took it from the waves
Ve sörf onu dalgalardan aldı

and the foam took it from the surf
Ve köpük onu sörften aldı
and the shore received it
Ve kıyı onu aldı
lying at his feet was the body of the little Mermaid
ayaklarının dibinde yatan küçük Deniz Kızı'nın cesediydi
She was lying dead at his feet
Ayaklarının dibinde ölü yatıyordu
he flung himself beside her, and wept
Kendini onun yanına attı ve ağladı
he kissed the cold red of her mouth
Ağzının soğuk kırmızısını öptü
and he stroked the wet amber of her hair
Ve saçlarının ıslak kehribarını okşadı
he wept like someone trembling with joy
Sevinçten titreyen biri gibi ağladı
in his brown arms he held her to his breast
Kahverengi kollarında onu göğsüne tuttu
Cold were the lips, yet he kissed them
Dudakları soğuktu, yine de onları öptü
salty was the honey of her hair
Tuzlu saçlarının balıydı
yet he tasted it with a bitter joy
Yine de acı bir sevinçle tadına baktı
He kissed her closed eyelids
Kapalı göz kapaklarını öptü
the wild spray that lay upon her was less salty than his tears
Üzerine konan vahşi sprey, gözyaşlarından daha az tuzluydu
to the dead little mermaid he made a confession
Ölü küçük deniz kızına bir itirafta bulundu
Into the shells of her ears he poured the harsh wine of his tale
Kulaklarının kabuklarına masalının sert şarabını döktü
He put the little hands round his neck
Küçük ellerini boynuna doladı
and with his fingers he touched the thin reed of her throat

ve parmaklarıyla boğazının ince kamışına dokundu
his joy was bitter and deep
Sevinci acı ve derindi
and his pain was full of a strange gladness
ve acısı garip bir sevinçle doluydu
The black sea came nearer
Karadeniz yaklaştı
and the white foam moaned like a leper
Ve beyaz köpük bir cüzamlı gibi inledi
the sea grabbed at the shore with its white claws of foam
Deniz, beyaz köpük pençeleriyle kıyıya tutundu
From the palace of the Sea-King came the cry of mourning again
Deniz Kralı'nın sarayından yine yas çığlığı geldi
far out upon the sea the great Tritons could be heard
denizin çok uzağında, büyük Tritonların sesi duyulabiliyordu
they blew hoarsely upon their horns
boynuzlarına boğuk bir şekilde üflediler
"Flee away," said his Soul
"Kaç," dedi Ruhu
"if the sea comes nearer it will slay thee"
"Deniz yaklaşırsa seni öldürür"
"please, let us leave, for I am afraid"
"Lütfen, gidelim, çünkü korkuyorum"
"because thy heart is closed against me"
"Çünkü kalbin bana karşı kapalı"
"out of the greatness of thy love I beg you
"Sevginin büyüklüğünden sana yalvarıyorum
"flee away to a place of safety"
"Güvenli bir yere kaçın"
"Surely you would not do this to me again?"
"Bunu bana bir daha yapmaz mıydın?"
"do not send me into another world without a heart"
"Beni kalpsiz başka bir dünyaya göndermeyin"
the young Fisherman did not listen to his Soul
genç Balıkçı Ruhunu dinlemedi

but he spole to the little Mermaid
ama o küçük Deniz Kızı'na seslendi
and he said, "Love is better than wisdom"
ve "Aşk bilgelikten daha iyidir" dedi.
"love is more precious than riches"
"Aşk zenginlikten daha değerlidir"
"love fairer than the feet of the daughters of men"
"İnsan Kızlarının Ayaklarından Daha Güzel Aşk"
"The fires of the world cannot destroy love"
"Dünyanın ateşleri aşkı yok edemez"
"the waters of the sea cannot quench love"
"Denizin suları aşkı söndüremez"
"I called on thee at dawn"
"Şafak vakti sana seslendim"
"and thou didst not come to my call"
"Ve sen benim çağrıma gelmedin"
"The moon heard thy name"
"Ay senin adını duydu"
"but the moon didn't answer me"
"Ama Ay bana cevap vermedi"
"I left thee in order to do evil"
"Kötülük yapmak için seni terk ettim"
"and I have suffered for what I've done"
"ve yaptıklarım için acı çektim"
"but my love for you has never left me"
"Ama sana olan aşkım beni hiç terk etmedi"
"and my love was always strong"
"Ve aşkım her zaman güçlüydü"
"nothing prevailed against my love"
"Aşkıma karşı hiçbir şey galip gelmedi"
"though I have looked upon evil"
"Kötülüğe bakmış olsam da"
"and I have looked upon good"
"ve ben iyiye baktım"
"now that thou are dead, I will also die with thee"
"Sen öldüğüne göre, ben de seninle birlikte öleceğim"

his Soul begged him to depart
Ruhu ona gitmesi için yalvardı
but he would not leave, so great was his love
Ama gitmedi, aşkı o kadar büyüktü ki
the sea came nearer to the shore
Deniz kıyıya yaklaştı
and the sea sought to cover him with its waves
ve deniz onu dalgalarıyla örtmeye çalıştı
the young Fisherman knew that the end was at hand
genç Balıkçı sonun yakın olduğunu biliyordu
he kissed the cold lips of the Mermaid
Deniz Kızı'nın soğuk dudaklarını öptü
and the heart that was within him broke
Ve içindeki kalp kırıldı
from the fullness of his love his heart did break
Sevgisinin doluluğundan kalbi kırıldı
the Soul found an entrance, and entered his heart
Ruh bir giriş buldu ve kalbine girdi
his Soul was one with him, just like before
Ruhu onunla birdi, tıpkı daha önce olduğu gibi
And the sea covered the young Fisherman with its waves
Ve deniz genç Balıkçı'yı dalgalarıyla kapladı

Blessings
Bereket

in the morning the Priest went forth to bless the sea
Sabahleyin Rahip denizi kutsamaya gitti
because the Priest had been troubled that night
çünkü Rahip o gece sıkıntı çekmişti
the monks and the musicians went with him
Rahipler ve müzisyenler onunla birlikte gittiler
and the candle-bearers came with the Priest too
Mum taşıyıcıları da kâhinle birlikte geldiler
and the swingers of censers came with the Priest
ve buhurdanlıkların eş değiştirenleri Rahiple birlikte geldi
and a great company of people followed him
ve büyük bir insan topluluğu onu takip etti
when the Priest reached the shore he saw the young Fisherman
Rahip kıyıya ulaştığında genç balıkçıyı gördü
he was lying drowned in the surf
Sörfte boğulmuş yatıyordu
clasped in his arms was the body of the little Mermaid
Kollarında kenetlenmiş küçük Deniz Kızı'nın cesedi vardı
And the Priest drew back frowning
Ve Rahip kaşlarını çatarak geri çekildi
he made the sign of the cross and exclaimed aloud:
Haç işareti yaptı ve yüksek sesle haykırdı:
"I will not bless the sea, nor anything that is in it"
"Denizi ve içindeki hiçbir şeyi kutsamayacağım"
"Accursed be the Sea-folk and those who traffic with them"
"Deniz halkına ve onlarla ticaret yapanlara lanet olsun"
"And as for the young Fisherman;"
"Ve genç Balıkçı'ya gelince;"
"he forsook God for the sake of love"
"Aşk uğruna Tanrı'yı terk etti"
"and now he lays here with his lover"
"Ve şimdi burada sevgilisiyle yatıyor"

"he was slain by God's judgement"
"Tanrı'nın yargısıyla öldürüldü"
"take up his body and the body of his lover"
"Vücudunu ve sevgilisinin vücudunu al"
"bury them in the corner of the Field"
"Onları Tarlanın Köşesine Gömün"
"let no mark of why they were be set above them"
"Neden üzerlerine konulduklarına dair hiçbir işaret bırakılmasın"
"don't give them any sign of any kind"
"Onlara herhangi bir işaret vermeyin"
"none shall know the place of their resting"
"Kimse dinlenme yerini bilmeyecek"
"because they were accursed in their lives"
"Çünkü hayatlarında lanetlendiler"
"and they shall be accursed in their deaths"
"Ve ölümlerinde lanetlenecekler"
And the people did as he commanded them
Ve halk onlara emrettiği gibi yaptı
in the corner of the field where no sweet herbs grew
Tatlı otların yetişmediği tarlanın köşesinde
they dug a deep pit for their graves
Mezarları için derin bir çukur kazdılar
and they laid the dead things within the pit
Ölüleri çukura attılar

when the third year was over
üçüncü yıl bittiğinde
on a day that was a holy day
Kutsal bir gün olan bir günde
the Priest went up to the chapel
Rahip şapele çıktı
he went to show the people the wounds of the Lord
İnsanlara Rab'bin yaralarını göstermeye gitti
and he spoke to them about the wrath of God
ve onlara Tanrı'nın gazabından söz etti

he bowed himself before the altar
Sunağın önünde eğildi
he saw the altar was covered with strange flowers
Sunağın garip çiçeklerle kaplı olduğunu gördü
flowers that he had never seen before
Daha önce hiç görmediği çiçekler
they were strange to look at
Bakmak garipti
but they had an interesting kind beauty
ama ilginç bir güzellikleri vardı
their beauty troubled him in a strange way
Güzellikleri onu garip bir şekilde rahatsız etti
their odour was sweet in his nostrils
Kokuları burun deliklerinde tatlıydı
he felt glad, but he did not understand why
Sevindi ama nedenini anlamadı
he began to speak to the people
İnsanlarla konuşmaya başladı
he wanted to speak to them about the wrath of God
onlarla Tanrı'nın gazabı hakkında konuşmak istedi
but the beauty of the white flowers troubled him
Ama beyaz çiçeklerin güzelliği onu rahatsız etti
and their odour was sweet in his nostrils
ve kokuları burun deliklerinde tatlıydı
and another word came onto his lip
Ve başka bir kelime geldi dudağına
he did not speak about the wrath of God
Tanrı'nın gazabından bahsetmedi
but he spoke of the God whose name is Love
ama adı Sevgi olan Tanrı'dan bahsetti
he did not know why he spoke of this
Bundan neden bahsettiğini bilmiyordu
when he had finished the people wept
Bitirdiğinde halk ağladı
the Priest went back to the sacristy
Rahip kutsallığa geri döndü

and his eyes too were full of tears
Ve gözleri de yaşlarla doluydu
the deacons came in and began to unrobe him
Hizmetliler içeri girdiler ve onu soymaya başladılar
And he stood as if he was in a dream
Ve sanki bir rüyadaymış gibi duruyordu
"What are the flowers that stand on the altar?"
"Sunağın üzerinde duran çiçekler nelerdir?"
"where did they come from?"
"Nereden geldiler?"
And they answered him
Ve ona cevap verdiler
"What flowers they are we cannot tell"
"Hangi çiçekler olduklarını söyleyemeyiz"
"but they come from the corner of the field"
"Ama sahanın köşesinden geliyorlar"
the Priest trembled at what he heard
Rahip duydukları karşısında titredi
and he returned to his house and prayed
Sonra evine döndü ve dua etti

in the morning, while it was still dawn
Sabah, hala şafak sökerken
the priest went forth with the monks
Kâhin keşişlerle birlikte yola çıktı
he went forth with the musicians
Müzisyenlerle birlikte yola çıktı
the candle-bearers and the swingers of censers
mum taşıyıcıları ve buhurdanlıkların eş değiştirenleri
and he had a great company of people
Ve harika bir insan topluluğu vardı
and he came to the shore of the sea
Ve denizin kıyısına geldi
he showed them how he blessed the sea
Onlara denizi nasıl kutsadığını gösterdi
and he blessed all the wild things that are in it

ve içindeki tüm vahşi şeyleri kutsadı
he also blessed the fauns
Faunları da kutsadı
and he blessed the little things that dance in the woodland
Ve ormanlık alanda dans eden küçük şeyleri kutsadı
and he blessed the bright-eyed things that peer through the leaves
Ve yaprakların arasından bakan parlak gözlü şeyleri kutsadı
he blessed all the things in God's world
Tanrı'nın dünyasındaki her şeyi kutsadı
and the people were filled with joy and wonder
Ve insanlar sevinç ve merakla doldu
but flowers never grew again in the corner of the field
Ama çiçekler tarlanın köşesinde bir daha asla büyümedi
and the Sea-folk never came into the bay again
ve Deniz halkı bir daha körfeze gelmedi
because they had gone to another part of the sea
Çünkü denizin başka bir yerine gitmişlerdi

The End
Son

www.tranzlaty.com

www.ingramcontent.com/pod-product-compliance
Lightning Source LLC
Chambersburg PA
CBHW011952090526
44591CB00020B/2741